健康ライブラリー　イラスト版

アスペルガー症候群・高機能自閉症の子どもを育てる本

学校編

児童精神科医　佐々木正美［監修］

講談社

まえがき

　平成一九年度から、全国の小・中学校で特別《とくべつ》支援教育《しえんきょういく》がはじまりました。発達障害《はったつしょうがい》の子どもたちに、学校で丁寧な支援をおこなうことを定めた教育制度です。

　この制度の導入にともない、教育現場で発達障害児への理解が深まろうとしています。また、支援態勢も充実しはじめました。しかし、理解も支援も、まだ十分ではありません。

　本当の意味で支援をするためには、子ども一人ひとりの特性と、彼らの気持ちを理解する必要があります。同じアスペルガー症候群《しょうこうぐん》の子でも、行動様式は一人ひとり違います。型通りの支援では、彼らの悩みに対応しきれないのです。

　本書には、子どもたちが学校生活のなかでどのような点に困難を感じているのか、そして、どう対処していけばよいのかということを解説してあります。ただしそれは、支援の基本的な理論と方法にすぎません。

　それらの方法を、個々の状況にあわせて、創意をもって調整していかなければ、本当の支援はできません。そのために、子ども一人ひとりを適切にみることが大切になってくるのです。

　昨今では、発達障害への注目が集まるいっぽうで、当事者の間に不安も広がっているように見受けられます。発達支援の相談窓口はどこもパンク状態で、最初の相談までに数週間、数ヵ月間、あるいはそれ以上待つような状況が、けっして少なくありません。多くの人が不安を感じ、悩み苦しんでいるということです。

　だれにも相談できず、不安な人にこそ、本書を読んでほしいと思います。相談をする前に、いますぐできることがあるのです。子どもの行動をよくみて、その子の本当の気持ちによりそうように対応することです。子どもを理解すること、すべてはそこからはじまります。そのために本書が役立てば、大変うれしく思います。

児童精神科医
佐々木 正美

アスペルガー症候群・高機能自閉症の子どもを育てる本

学校編

もくじ

3 イラスト要素で授業の理解力アップ …… 37

佐々木正美からのメッセージ

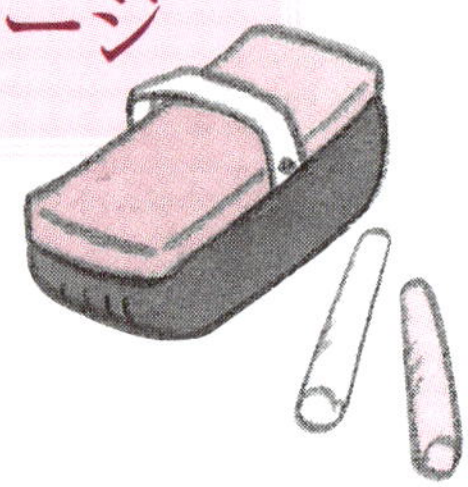

支援をする前に、理解をしてください

1 特別支援教育がはじまり、発達障害の子どもを支援することに熱心な先生が増えてきました。

2 本を読んだり、セミナーに参加したりして、支援の方法を学び、積極的にとり入れています。

無理解な支援者は子どもを傷つける

　アスペルガー症候群の子を支援するためには、その土台として、発達障害とその特性への正しい理解がなければなりません。

　まず、子どもが一人ひとり異なる特性をもっていることを理解してください。そして、それぞれの状況をよくみて、子どもがどんなことに困っているのか、把握してください。そこで、はじめて支援すべきことがわかります。

　子どもにあわない方法で、型通りの支援をしても、かえってその子を苦しめるだけなのです。

「理解できないなら、そばにこないで」という声

　誤った支援を受けた子のなかには「自分のことをわかってくれないなら、近よらないでほしい」という悲痛な思いを打ち明ける子もいます。子どもにとって、理解をともなわない支援は、それほどつらいものなのです。

これが
それを
あれで
この絵のように
写真をみて

3 支援は増えていますが、すべてがうまくいっているわけではありません。「これ」「あれ」と曖昧な指示をするなど、誤った対応もとられています。

きみは苦手だから、
やらなくていいよ

4 障害への理解が不十分で、見当違いの発言をして子どもを傷つけてしまう例も、少なくありません。

理解することから支援がはじまる

子どもの特性がわかってくると、その子の得意・不得意がみえてきます。そうして理解を深めることから、支援がスタートします。

まわりの大人が子どものことをきちんと理解して支援すれば、その思いは必ず子どもに伝わります。「自分をわかってくれる人がいる」という思いが、子どもの自信や安心感につながっていきます。

大切なのは、子どもの気持ちによりそうこと

支援の方法に迷ったり、失敗して戸惑ったりしたときには、原点に立ち返って、自分のやり方を見直してください。

原点は、子どもの短所を直すことより、長所をのばすこと。子どもを自分の生活に適応させるのではなく、大人が子どもの生活によりそうのです。それこそが、アスペルガー症候群の子どもを育てるために必要な心がけです。

どうして
うまくいかないんだろう……

5 本を読んで、ひとつの方法をおぼえても、支援にはなりません。子ども一人ひとりにあった方法が必要なのです。

指示が多いと、混乱しちゃうんですよね
なるほど！
区別されるのは、いやかもしれません

6 子どもの気持ちを理解して、はじめて支援ができます。子どもの様子をよくみること、まわりと相談することが大切です。

1

アスペルガー症候群の子の学校生活

アスペルガー症候群の子の多くが、
学校生活に強いストレスを感じています。
彼らにとって、多くの学校は学びにくく、暮らしにくいところだからです。
発達障害の子の悩みをよく理解して、
教室の環境を見直してみましょう。

子どもの特性

実際に、ほかの子とどんな違いが出るか

学校生活でのもっとも大きな問題は、ほかの子と同じように感じたり、ふるまったりできないこと。それが本人にとっても、まわりにとっても悩みの種となります。

アスペルガー症候群とは

「アスペルガー症候群」は、発達障害の一種です。知的能力が比較的高い自閉症である「高機能自閉症」と同様の特徴をもっています。生まれながらに脳機能に障害があり、発達のさまざまな面にかたよりが出ます。

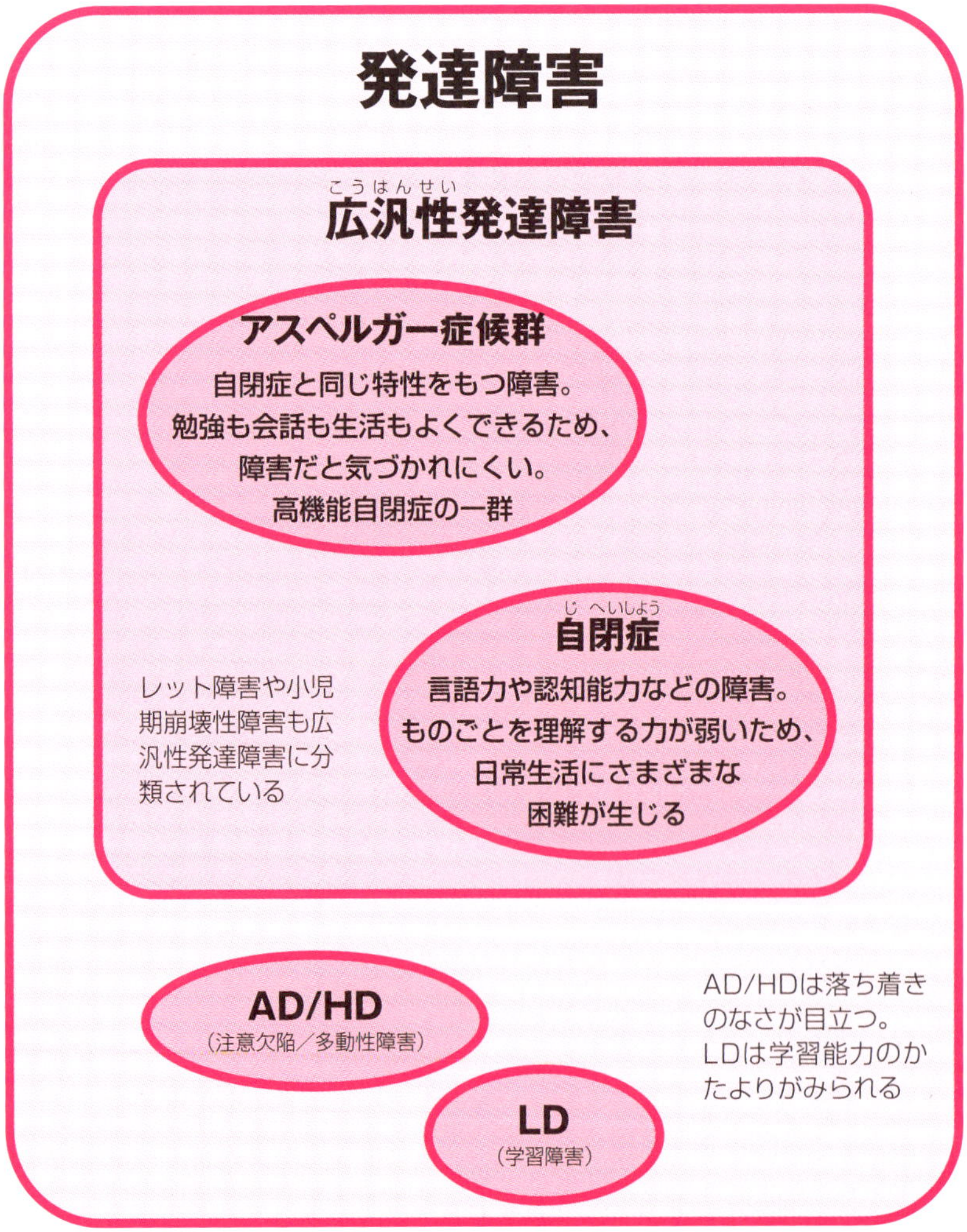

発達障害
広汎性《こうはんせい》発達障害
アスペルガー症候群
自閉症と同じ特性をもつ障害。
勉強も会話も生活もよくできるため、
障害だと気づかれにくい。
高機能自閉症の一群
自閉症《じへいしょう》
言語力や認知能力などの障害。
ものごとを理解する力が弱いため、
日常生活にさまざまな
困難が生じる
レット障害や小児期崩壊性障害も広汎性発達障害に分類されている
AD/HD
（注意欠陥／多動性障害）
LD
（学習障害）
AD/HDは落ち着きのなさが目立つ。
LDは学習能力のかたよりがみられる

※発達障害についてよりくわしく知りたい方は、健康ライブラリーイラスト版『自閉症のすべてがわかる本』『アスペルガー症候群・高機能自閉症のすべてがわかる本』（ともに佐々木正美監修）『AD/HDのすべてがわかる本』（市川宏伸監修）『LDのすべてがわかる本』（上野一彦監修）をご覧ください

先生が質問していることを理解できず、見当はずれの答えを返す

もっとも大きな問題はコミュニケーション

アスペルガー症候群の子の特性は、大きく3つにわけられます。学校生活でとくに問題となってくるのは、コミュニケーション面の特性です。

コミュニケーション

言葉の微妙な違いが理解できず、状況にあった受け答えができない。言葉づかいがずれていたり、答えが見当はずれだったりすることが多い

社会性

他人との距離感をつかむのが苦手。友達にも見知らぬ人にも同じような態度で接したり、人間関係のトラブルを起こしたりする

想像力

ものごとを応用して考えることができない。予定を変更したり、仮定の話をしたりすると、想像力を働かせることができず、混乱してしまう

ほかの子が給食の準備をはじめているのに、無視して好きなことをしている

まわりの子どもとわかりあえない

アスペルガー症候群の子は、会話がうまくできなかったり、集団行動が苦手だったりするため、クラスにすんなりとけこむことが、なかなかできません。

孤立すると、ますます浮いた存在になってしまいます。ほかの子とわかりあえるよう、大人が適度にフォローをするべきです。

対応の基本

子どもの得意なこと・苦手なことを把握する

発達障害の子ども一人ひとりの悩みによりそう支援をするためには、子どものよい面と悪い面を、どちらも把握しておく必要があります。

完璧を目指さない

子どもの特性を無視して、なんでもそつなくこなせる子に育てようとすると、その子を苦しめてしまいます。完璧や平均を目指さず、一人ひとりの特性を大切にしましょう。

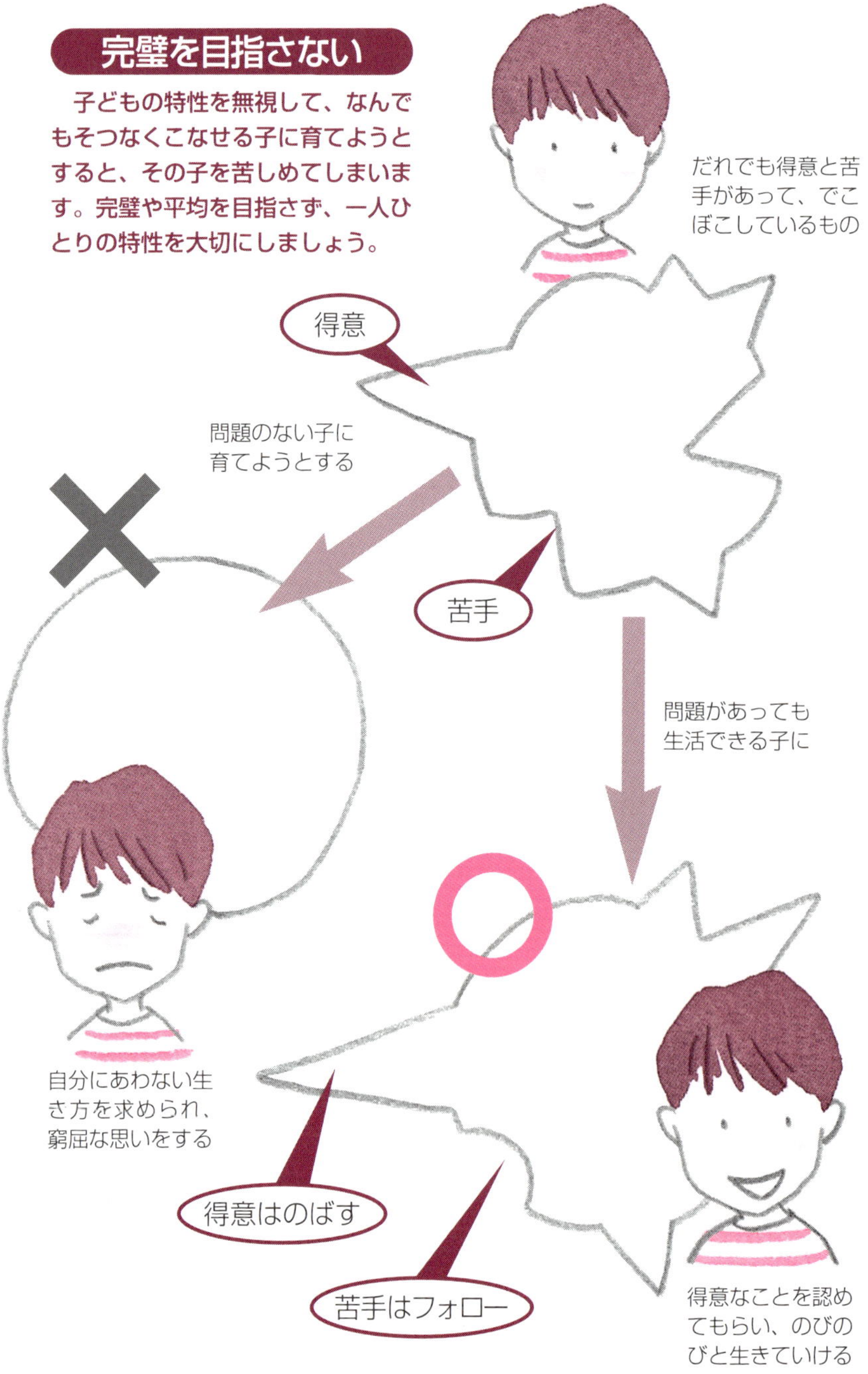

だれでも得意と苦手があって、でこぼこしているもの
得意
苦手
問題のない子に育てようとする
自分にあわない生き方を求められ、窮屈な思いをする
問題があっても生活できる子に
得意はのばす
苦手はフォロー
得意なことを認めてもらい、のびのびと生きていける

得意なこと・苦手なこと

アスペルガー症候群の特性は、人それぞれ異なります。ただ、共通した傾向があるので、それは参考として覚えておくとよいでしょう。

得意なこと

法則性のある作業は得意。
毎日同じことをこなすのをいとわない

- 暗記テスト
- 難読漢字のテスト
- 公式のある計算問題
- 決まりを守ること
- 定型的な作業の繰り返し
- 生活習慣を守ること

苦手なこと

応用を必要とする作業は苦手。
自由を与えられると混乱する

- テーマを自分で決める作文
- 自由研究・発表・討論
- 意味を考える問題
- 機転をきかせた会話
- 全体をみながら調整する作業
- 未知の場所での作業

話すことが好きな子。船の研究が趣味で、船のしくみは大人よりもくわしく解説できる

一人ひとりの様子をよくみる

ひとりの子どもにうまく伝わる支援が、ほかの子には通用しないことがあります。子どものもつ特性は、一人ひとり違うからです。

専門家から教わった方法でも、状況によってはうまくいかないことがあります。方法に固執《こしつ》せず、目の前の子どもがなにに困っているか、様子をよくみることが必要です。

同じアスペルガー症候群の子でも、特性は一人ひとり異なっていることを理解して

対応の基本

TEACCHを教育現場にとり入れる

アスペルガー症候群の子どもは、学校に対して暮らしにくさを感じています。そのつらさを解消するために、教室の環境を見直しましょう。

大人が子どもに歩みよる

環境面の見直しをおこなうときには、子どもにとっての暮らしやすさをつねに念頭に置いてください。大人が子どもに歩みよることが大切なのです。

子どもの気持ちを確かめながら、アメリカの治療教育（療育）プログラム「ＴＥＡＣＣＨ（ティーチ）」を導入しましょう。自閉症支援の方法として、世界中で共通して高い評価を得ているプログラムです。

ＴＥＡＣＣＨによって実現される環境は、じつは、すべての子どもにとって快適な環境です。教室にやかましい音や、よけいな刺激がなければ、ほかの子も授業に集中できます。

TEACCHを活用する

学校にTEACCHを導入することで、アスペルガー症候群の子にとって暮らしやすい環境が実現します。

TEACCH*

自閉症スペクトラム（連続体）障害の人のための療育プログラム。視覚情報を重視して、子どもの理解を助ける

→ **わかりやすさ**

→ **暮らしやすさ**

イラスト入りのスケジュールボードを設置。予定がわかりやすくなり、生活しやすくなる

＊Treatment and Education of Autistic and related Communication handicapped CHildrenの略。自閉症および関連領域のコミュニケーションに障害のある子どもの治療と教育。

TEACCHによる教育環境の見直し方

子どもの負担を減らすことと、理解を助けることを目指します。目でみてわかるように工夫するのが基本ですが、状況に応じてアレンジしてかまいません。

視覚的な手がかりを使う

絵や写真、文字などを使って、わかりやすく説明する

ロッカーの扉に、ほうきやちりとりなど、収納するものの写真を貼る。なにを入れるかわかる

ストレスのもとを減らす

音の出る机や椅子、風で動く掲示物などは使わない

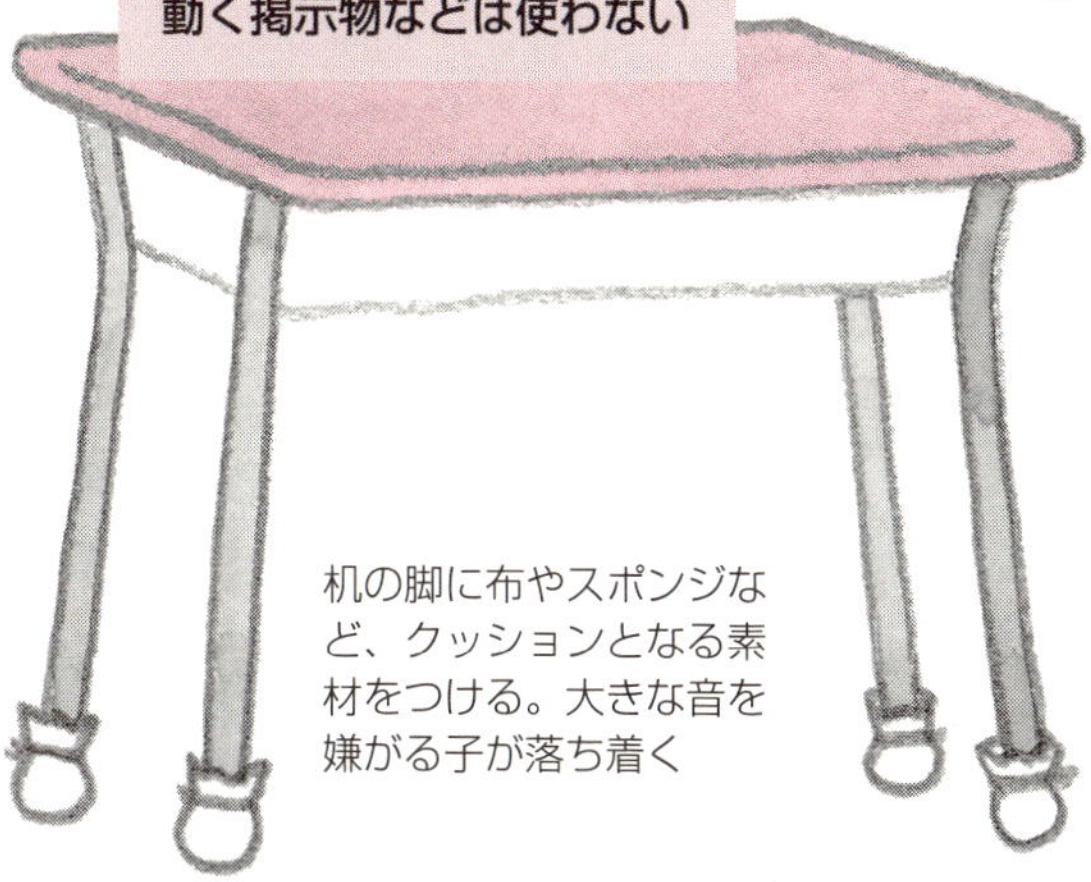

机の脚に布やスポンジなど、クッションとなる素材をつける。大きな音を嫌がる子が落ち着く

ひとつの方法にこだわらない

うまくいかなかったら、ほかの方法を試してみる

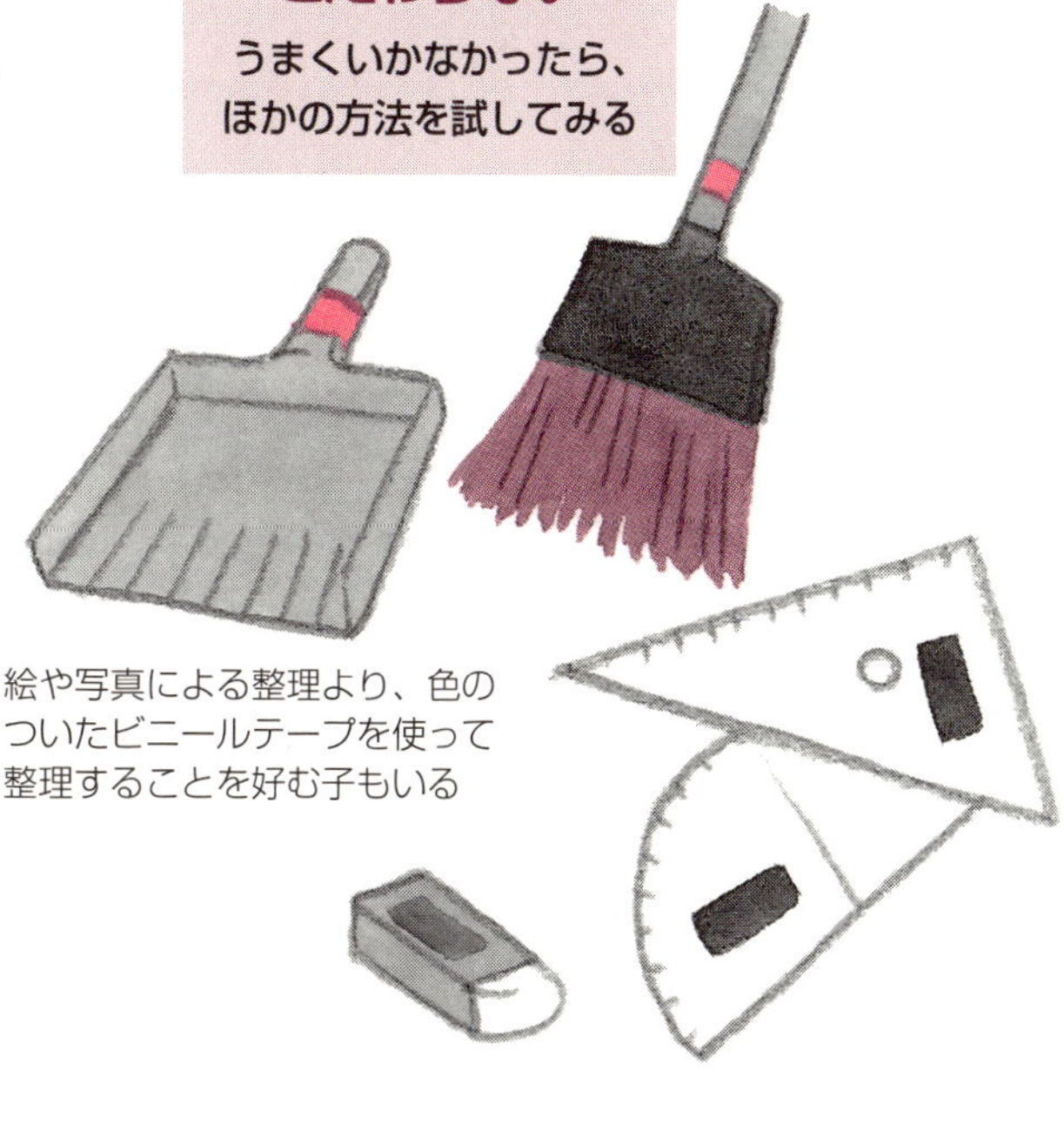

絵や写真による整理より、色のついたビニールテープを使って整理することを好む子もいる

視覚的な手がかりを使ってうまくいかない場合は

アスペルガー症候群の子の多くは、絵や写真をみせることで、ものごとを理解しやすくなります。しかし、そうではない子もいます。

道具をもって手本を示す、文字で書いて渡す、話して聞かせるなど、ほかの方法を試し、その子にあった伝え方を探しましょう。

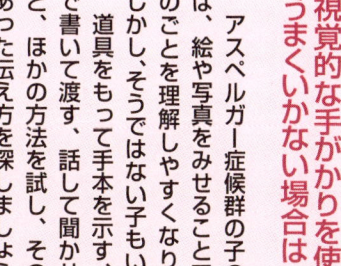

対応の基本

保護者と教師が行動すれば、二次障害は防げる

発達障害を苦にして、不登校や人間不信に陥ってしまう子がいます。本人の努力だけでは解決しない場合もあり、大人の協力が欠かせません。

全員で協力する

発達障害の子への支援は、ひとりでできることではありません。保護者と教師を中心として、さまざまな専門家にかかわってもらう必要があります。

本人
保護者
子どもの最大の理解者。保護者が子どもを理解し、受け入れることが、すべての支援の土台となる
学校の友達
医師・作業療法士・言語聴覚士など
特別支援担当の教師
校長・教頭・学年主任
臨床発達心理士・保健師など
担任教師
学校生活でもっとも身近な大人。教師が理解を示せば、子どもは「困ったら先生に相談しよう」という安心感をいだける

教師同士が情報交換をして、支援に対する共通意識をもつ

順番待ちが長く、専門家に相談できない場合は

近年、発達支援への需要が急増し、全国の相談窓口で順番待ちの期間が長くなっています。半年を超える地域も珍しくありません。

専門家にすぐに会えない場合には、まわりの保護者や教師、保育士、療育センター職員などと情報交換をしながら、子どもへの理解を深めることに努めてください。

その理解が、専門家に相談するときの貴重な情報となります。

二次障害を防ぐ

無理解な要求をされたり、適切な支援を得られないと、アスペルガーの子は傷つき、ひとりで悩みをかかえます。孤立する状況が続けば、不登校や非行などの二次障害に陥ることもありますから、それを防ぐためにも、教師や保護者、友達の正しい理解が必要です。

アスペルガー症候群の子の学校生活

特性にともなう悩みが多く、学校生活に適応できない。支援を必要としている

- 友達や先生に気持ちを伝えられない
- ほかの子と同じように勉強できない
- 集団行動や役割分担をこなせない

理解にもとづく支援

友達と誘いあって、仲良く登校できる

自信・登校意欲

自分にもできることがある、認めてもらえると感じて、登校することが楽しくなる

無理解で本人まかせの教育

学校なんて行っても無駄だとあきらめてしまう

不信・二次障害

だれにもわかってもらえないと思い、学校にも友達にも期待しなくなってしまう

自分らしく生きていくことがゴール

アスペルガー症候群は、治療や教育によって、体からとりのぞけるものではありません。

治そう、なくそうとするのではなく、アスペルガーの特性を理解して、それにあった生き方を探っていきましょう。一人ひとりにあった幸福な人生が、必ず待っています。自分らしく生きることこそが、アスペルガー症候群の人のゴールなのです。

お母さん
お父さんに
アドバイス

本人への告知は、早い時期でもけっこうです

小学生の間に伝えるのは悪くないこと

アスペルガー症候群の子のなかには、自分が勉強や運動、友達付き合いなどを苦手としていることに悩んでいる子どもがいます。わけがわからないまま悩み続け、自信を失ってしまう子もいます。

こういった状況では、子どもに発達障害と特性のことを伝え、得意なことと苦手意識の背景を理解させることが必要です。状況にもよりますが、早ければ小学校低学年の段階で告知をおこなうことも、考えてよいでしょう。

本人が特性を自覚すると、精神的に落ち着く

告知の際は、本人に不必要なショックを与えないよう、留意してください。「これができない、あれができない」と悲観的なことを言うのではなく、「これは得意、あれは苦手」と、本人が自分を正しく認識できるように伝えます。

自分のよいところと悪いところがわかると、子どもは精神的に落ち着いてきます。自分を理解できたことによって、よけいな不安がなくなり、できる領域でがんばろうと思えるのです。

得意なことから伝える

クイズやゲーム、絵を描くのはじょうずだよね

でも、作文や発表は苦手で、いつも大変だね

それは、アスペルガー症候群の特性なんだ

2

ケンカを減らして、友達を増やすには

アスペルガー症候群の子は、
他人の気持ちや遊びのルールを想像し、理解することが苦手です。
そのため、悪気はないのに友達を怒らせてしまうことがあります。
子どもたちの気持ちがすれ違い、ケンカにならないよう、
大人がフォローしなければいけません。

対応の基本

子ども同士が誤解しあわないよう、配慮する

アスペルガー症候群の子どもは、よくも悪くもマイペースな生き方をします。それが友達に「わがままだ」と誤解されることがあります。

誤解がケンカにつながる

アスペルガーの子にもめごとが多いのは、彼らが誤解されやすく、人の反発をまねくからです。悪気はないのに友達を怒らせ、ケンカになってしまいます。

友達が話を聞いてくれないことにキレて、つきとばしてしまった！

怒りっぽいやつだな
いつもわがままだ
すぐに暴力をふるう
性格が悪い！
誤解
話を聞いてくれない
しかも話の邪魔をする
僕に指図しないでほしい
うらみでもあるのか？
誤解
いい加減にしてくれ！
ケンカ

大人がフォローする

子ども同士の誤解をとくためには、大人が間に立って、両者の言い分を聞くとよいでしょう。そのうえでどちらの子もフォローし、ケンカの原因をとりのぞきます。

本人

自分のやりたいように行動していたら、友達がいなくなった

友達

まわりはみんな、仲のよい子だけで集まって遊ぶようになった

友達との間で気持ちがすれ違っていることを伝える。「友達と仲良くできるよ」と励ます

特性を説明して、理解をうながす。アスペルガーの子には悪気がないことを伝えておく

保護者
本人の悩みを感じとれる立場。なにかうまくいかないことがないか、聞いてみる

教師
友達の憤りを感じとれる立場。アスペルガーの子のどこが嫌なのか、具体的に聞く

きょうだいや親戚、保育士、療育センターのスタッフなど

「わがままな子」と思われないように

アスペルガーの子は、人の気持ちや表情の変化を読みとることが苦手です。自分の言動が人の迷惑になっても、気づかず、「わがままな子」だと思われがちです。

その特性を把握しておいて、彼らが自分勝手な行動をとったら、わかりやすく注意しましょう。自分の行為が友達の誤解をまねくとわかれば、本人も少しずつ、行動のパターンを変えていきます。

友達付き合い

「空気の読み方」を文字や図で示す

みんなと仲良くしようとしているのに、友達から「空気を読めよ」と言われてしまうのが、アスペルガーの子のつらいところです。

よくあるトラブル

突然近よってきて、大声でおしゃべり

友達がしゃべっているところに急に現れて、まったく違う話題を大声でまくしたてます。周囲が嫌がっていることに気づかず、空気を読めない子だと思われてしまいます。

本人の気持ち

みんなに伝えたいことがあったんだ

読みとれないこと

みんながあえて口に出さなくてもわかっていることが、アスペルガーの子にはわかりません。そのため、タブーをやぶって嫌われることがあります。

友達や先生との人間関係

場の空気・雰囲気

みんなの前にやってきて、いきなり友達の秘密をばらしてしまった

暗黙の了解・常識・マナー

公私の区別

人の気持ち、嫌がること

この対応で解決！

マナーを具体的に示す

なにがよくて、なにが悪いのか、一つひとつ具体的に示しましょう。マナーを個々の行動にまで分解して、丁寧に教えていきます。

場所・状況

部屋ごとの違い、式典でとるべき態度など、決まっていることを伝える

声の大きさ

図を示しながら声を出し、声の大きさを視覚的に実感させる

相手との関係

人と話すときにどのくらい離れるか、体にさわってもよいかどうか、伝える

話題

おしゃべりに出すべきでない話題、人によって嫌がる話題があることを教える

図書室では小声で話すように伝える。声の大きさを図で示す

形にして示さないと、伝わらない

アスペルガーの子には「みえないものは理解できない」ということを知っておいてください。

彼らは、絵や形になっているものはよく理解できますが、形のないものを頭の中で想像することは、得意ではありません。

ですから、「場の空気を読みなさい」と言っても、彼らを苦しめるだけです。なかには「空気は読めない、吸うものだ」と答える子もいます。場面ごとに、どんな態度をとるべきか、はっきりと示さないと、わからないのです。

友達付き合い

友達ができないわけを考えてみる

子どもがケンカばかりで友達が増えず、悩んでいる場合、融通がきかない、独りよがりなど、態度の問題があるかもしれません。

友達付き合いの失敗例

自分を押し通そうとしてごねているうちに、友達にあきれられてしまいます。融通がきかず、思い通りにならないとキレるという一面があります。

みんなはもう帰りたがっているのに、勝つまで続けると言い張る
勝ち負けにこだわり、だだをこねる
自分のおもちゃを絶対に貸さない
遊んでくれない相手にはキレる
会話が苦手で、いつも同じ言葉で受け答えする
まわりから「遊びづらい子」だと言われる

こだわりの強さが問題になりやすい

アスペルガー症候群の子は、行動に独特のかたよりがあります。特定の道具を手放さない、勝利や満点が得られないとかんしゃくを起こすなど、かたくなな行動が多く、それは、周囲の人にはこだわ

りだと思われてしまいます。

彼らは、自分の考え方と他人の考え方が異なっていることを、すんなりと理解できません。そのために、自分のこだわりに違和感を抱かず、また、他人の意志をないがしろにしてしまうのです。

この対応で解決！

まず ひとりと友達に

いきなり態度や考え方をすべて変えて、みんなと仲良くするのは難しいでしょう。まずは、クラスのなかで気のあう子と交流を深め、そのなかでこだわりを見直していきます。

友達を信じてがんばってみようと思えれば、大人数が相手でも緊張しない
ひとりと
特性を理解してくれる子とよく話し、問題点を指摘してもらう
数人と
接する人数をじょじょに増やす。他人への理解を深める
クラス全体と
大勢とかかわると多少、問題が起きるが、それも含めてなれていく
数人との付き合いができると、クラス全体での活動も問題なくなっていく

ひとりでいるのも彼らにとって大切な時間

アスペルガー症候群の子は、ひとりになって落ち着く時間を大事にしています。

彼らは、集団行動をするときには、素早い判断や受け答えを求められ、人一倍、ストレスを感じています。その重圧からときはなたれるのが、ひとりの時間です。

友達と遊ぶより、ひとりでいることを望んでいるときは、誘わないでそっとしておきましょう。

口ゲンカ

どんな言葉が文句・悪口になるかを教える

アスペルガーの子は、口が悪いと言われることがあります。思った通りのことを口にしてしまい、友達をカンカンに怒らせるからです。

本人は口が悪いと思っていない

大多数の子が、思ってはいても口にしないようなことを、アスペルガーの子は、言葉にしてしまいます。「あの子、チビだね」「先生ハゲてる!」などの悪口です。

彼らには、感じたことを素直に話す特性があります。よくも悪くも、嘘がつけないのです。悪口を言ったつもりはなく、自分のことを口が悪い子と思っていません。それが、問題を複雑にします。

悪口を言われた相手が怒っていても、言った当人は反省をしません。怒られる理由が理解できず、「逆ギレ」することさえあります。周囲の大人が気を配り、こうしたすれ違いを解消するべきです。

独特の話し方をする

場面にあわせた話し方ができず、思ったことをそのまま口にしたり、本でおぼえた知識で答えたりします。

悪気なく文句・悪口を言う
大人の書く文章のような話し方をする
恥ずかしいことも平気で口にする
自分の知識をひけらかす

人前で性に関する話題をべらべらとしゃべってしまい、友達にあきれられる

この対応で解決！

言ってはいけない言葉を決める

言葉づかいは、すぐに直るものではありません。しかし、放っておくわけにもいきませんから、まずは悪口を禁止しましょう。規則を決めれば、彼らにも使ってはいけない言葉が理解できます。

文句・悪口
- チビ、デブ、ハゲ
- バカ、アホ、ドジ
- エロ、スケベ、ヘンタイ
- ブス、ブサイク、キモい、うざい

おかしい表現
- あいさつの間違い
- 敬語の間違い
- 言葉がかたくるしい
- 人をバカにする

嫌な言葉
- 死ね、消えろ
- 病気、障害
- キレる、むかつく
- ウンコ、チンコ

「むかつくという言葉を使ってよいかどうか」など、実際に例を出して、話しあっていく

悪口の応酬にならないように注意

アスペルガーの子から悪口を言われたとき、感情的に反発すると、火に油を注ぐ結果となります。悪口に悪口を返すのではなく、第三者をまじえて、対策を考えていきましょう。我慢して話しあう強さが求められます。

話しあって決める

クラスの決まりなので、みんなで意見を出しあう。アスペルガーの子の考えも聞く

具体的に決める

「体のこと」などの曖昧《あいまい》な決め方ではなく、「チビ」「デブ」など、単語で禁止する

ロゲンカ

会話がすれ違ったときは、歩みよりを

自分の言いたいことばかりまくしたて、人の話を聞けない子がいます。そのままでは、会話ができなくて困ります。話を聞く姿勢を教えましょう。

よくあるトラブル

友達の言っていることを無視する

　みんなで話しあう時間なのに、話している人をみないで、校庭をみている男の子。話が耳に入らず、上の空です。みんなは「無視するな！」と怒っています。

ほかのことが気になっていたんだ
本人の気持ち

他人の話に興味をもてない

　アスペルガー症候群の子は、人の話を聞くことが苦手です。話に集中することができず、話を無視して好き勝手にふるまってしまいます。

話している人の目をみられない

身振り手振りを理解しない

話の途中で立ち去る

関係ない話で邪魔をする

ほかのことに気をとられる

友達の話を無視して、どこかに行ってしまう

この対応で解決！

お互いの気持ちを確認させる

子どもたちが口ゲンカをしていたら、まずケンカを止め、冷静に話しあえる場をもうけましょう。両者とも悪意をもっていないことを確認させ、そのうえで、アスペルガーの特性と対応を教えていきます。

ほかの音が気になる

話の内容がよくわからない

ぼくはひとりでいたい

人の話を聞かないで好き勝手に行動するのは失礼なことだと理解する。聞きたくないときは、ひとこと断るようにする

わからなかったら聞き返す

邪魔してしまったときは謝る

立ち去るときは、ひとこと断る

わざと無視するのはやめて

人の話を邪魔しないで

私が話しているんだから聞いて！

ちゃんと話しているつもりでも、じつは伝わっていないことを理解する。話し方を工夫して、伝わりやすくする

曖昧な言い方をしない

メモや絵をみせながら話す

聞くことを強制しない

お互いに思いやれば通じあえる

会話がすれ違うのは、お互いに相手の気持ちを理解できていないから。アスペルガーの子には、相手を傷つける意志はありませんし、友達にも、アスペルガーの子を困らせるつもりはありません。

第三者が間に立って、彼らにお互いの気持ちを確認させるとよいでしょう。どうしたら仲良く話せるか、お互いに歩みよるのです。

ケンカ・暴力

イライラ対策を、いっしょに考える

友達と安定した関係を築いていくためには、キレることを減らしたり、キレてもまわりに迷惑をかけないようにする工夫が必要です。

よくあるトラブル

かんしゃくを起こして近くにいる子をたたく

だれもなにもしていないのに、突然かんしゃくを起こして、隣の子をたたいてしまいます。教室の中のどこかに、本人にしかわからない不満があるようです。

みんな
うるさい!
もう嫌だ!
本人の気持ち

前ぶれなく爆発する

突然パニック状態に陥るようにみえます。暴力的になったり、衝動的になったりして、まわりの友達を驚かせます。何度も続くようなら、なんらかの対処が必要です。

きっかけがわからない。パニックの寸前まで、異変はみえない

パニック
急に人をなぐる・ける
自分の頭をたたく
教室をかけ出して行く
耳をふさいで座りこむ

休み時間に遊んでいたら、ひとりの子が急に座りこんで動かなくなった

この対応で解決！

パニック予防法を身につける

イライラをおさえる方法を身につけ、いつでもその方法をとれるようにしておきます。予防法は、人それぞれ違います。「我慢、我慢」ととなえること、トランポリンで体を動かすこと、深呼吸をすることなどです。

パニックになりそうだと思ったら手を挙げる。まわりもそれを知っておく

本人もまわりも、我慢の限界に気づくようにする

席を離れる。落ち着くまでほかの場所へ

我慢するときの言葉・呪文をとなえる

ほかの部屋で音楽やトランポリン

じつはきっかけがある。イライラがふくらむ瞬間に気づいて
我慢できなくなる瞬間。イライラしはじめ、無口になったり、手足をバタバタ動かしたりする
パニック

みんなでパニックに気をつける

アスペルガーの子は、ほかの子にはなんでもないことをきっかけに、かんしゃくを起こすことがあります。きっかけは、パトカーのサイレンや香水のにおい、不快な記憶など、ささいなことです。

その感受性は、その子のもっている性質で、変えられるものではありません。「そんなことでイライラするな」と言っても、本人にはどうしようもないのです。

イライラを完全になくそうと考えるのではなく、パニックになったとき、どのように対応すべきかを理解しておきましょう。

ケンカ・暴力

いじめへの対応は、子どもまかせにしない

交友関係の小さなトラブルは、少し助言をすれば、子どもたちが自分の力で解決していきます。しかし、いじめの問題だけは、そうはいきません。

ほうっておけない理由

いじめはすべて悪質な行為ですが、とくにアスペルガーの子に対するいじめは、ほうっておけません。想像力が弱いため、相手が悪意をもっていることを想像できず、被害を受け続け、心に深い傷をつくってしまうことがあるからです。

体育で徒競走をしたとき、まっすぐ走れず、転んでしまった

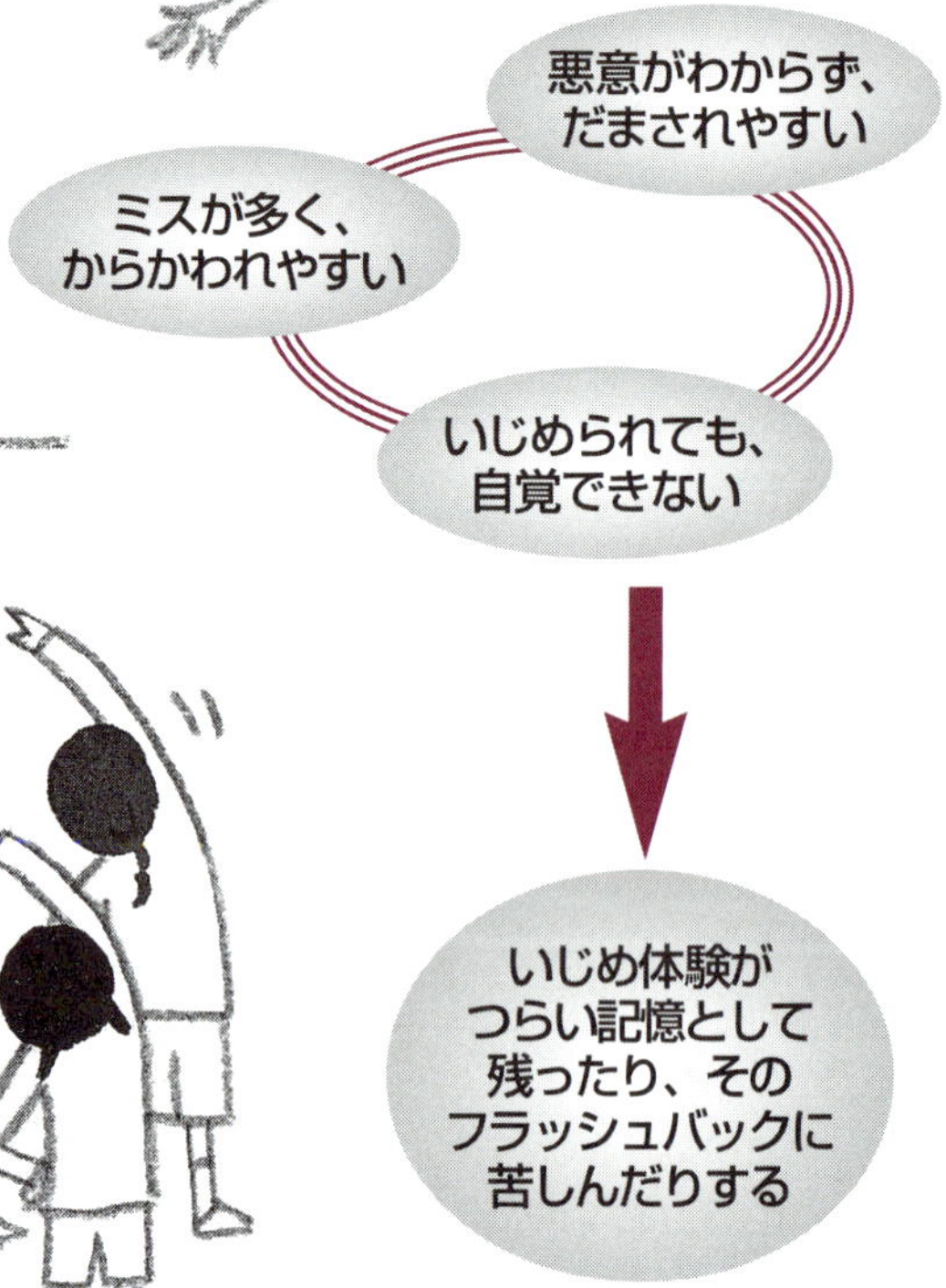
悪意がわからず、だまされやすい
いじめられても、自覚できない
ミスが多く、からかわれやすい
いじめ体験がつらい記憶として残ったり、そのフラッシュバックに苦しんだりする

転倒をからかわれて以来、体育に恐怖感をいだき、見学することが多くなった

大人が悲劇を止めなければいけない

いじめる側の子と、いじめられる側の子には、家族や友人との間に、よい信頼関係を築けていないという問題があります。

彼らのまわりには、いじめを止めようとする理解者や、いじめの被害を相談できる相手がいないのです。これは大変な不幸であり、悲劇です。しかし、逆に言えば、信頼関係を結ぶことができれば、いじめを止められます。いじめる子、いじめられる子、両方から言い分を聞き、両方とよい関係を築いていくことが大切です。

この対応で解決！

説明や話しあいを増やす

いじめ解決のための手段は、一にも二にも対話です。いつか止まるだろうと静観していると、子どもたちの人間関係がどんどん崩れていきます。対話を増やし、すれ違いを一つひとつ解決していかなければ、いじめは止まりません。

いじめる側の子どもの言い分も聞く。どちらかが悪いと決めつけない

様子をみる

実際になにが起きているか、大人が自分の目でたしかめる

↓

言い分を聞く

いじめる側といじめられる側、両者の考えを聞く。ほかの子の考えも聞く

↓

周囲と相談する

ひとりで判断せず、ほかの教師や保護者とも話しあう

友達へ →

理解をうながす

アスペルガーの特性を理解してもらう。苦手なことを無理やりやらせると、トラブルになることを教える

本人へ →

注意点を教える

特性によって人に迷惑をかけやすいポイントを伝える。それによって友達との感情的な衝突を減らす

家族へ →

状況を説明する

なぜいじめが起きているのか、はっきりと説明する。クラスメイトへの告知をどうするか、相談する

実践例

ポケットに入る、小さな安心カード

質問がわからないときに出すカードと、校内の移動で混乱して教室に帰りたくなったときに使うカード

意思表示が苦手な子の安心カード

困ったときや体調が悪いときに、とっさにうまく言葉が出ない子のためのカードです。カードを示すことで、まわりから「無視した」「なにも言わないから気づかなかった」と言われることが減ります。

1 助けを求めるカードをつくる

2 いつもポケットに入れておく

3 パニックになったら先生・友達にみせる

名刺サイズなら使ってもめだたない

せっかく安心カードをつくっても、大きすぎたり子どもっぽかったりすると、使っているときにめだって、友達にからかわれることがあります。便利なのに、恥ずかしくて使えないのです。

子どもがカードを使うことに負担を感じないよう、めだたない名刺サイズのカードをつくるとよいでしょう。めだたずに、決まりや手順を確認できます。

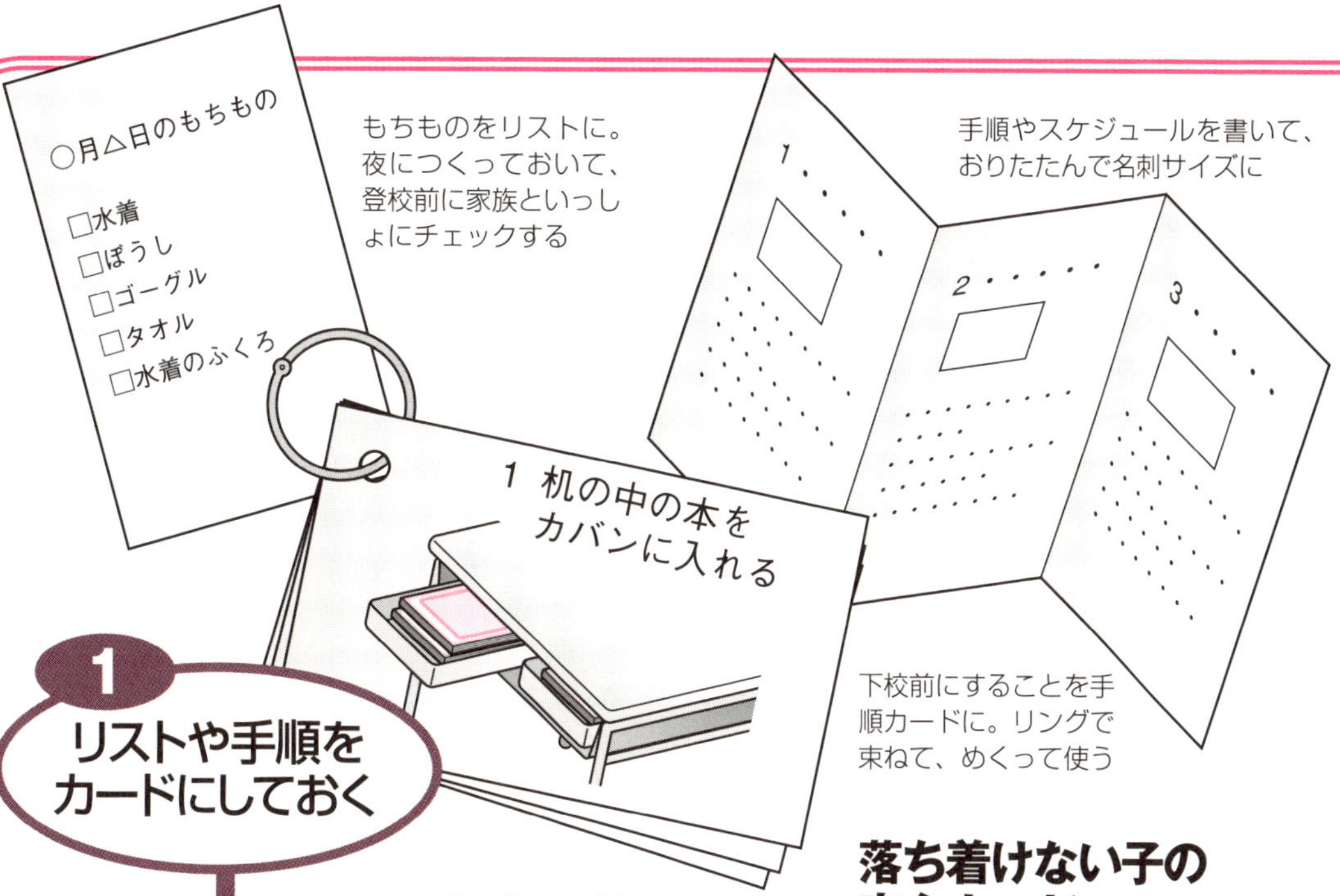
○月△日のもちもの
□水着
□ぼうし
□ゴーグル
□タオル
□水着のふくろ
もちものをリストに。夜につくっておいて、登校前に家族といっしょにチェックする
手順やスケジュールを書いて、おりたたんで名刺サイズに
1
2
3
1 机の中の本をカバンに入れる
下校前にすることを手順カードに。リングで束ねて、めくって使う

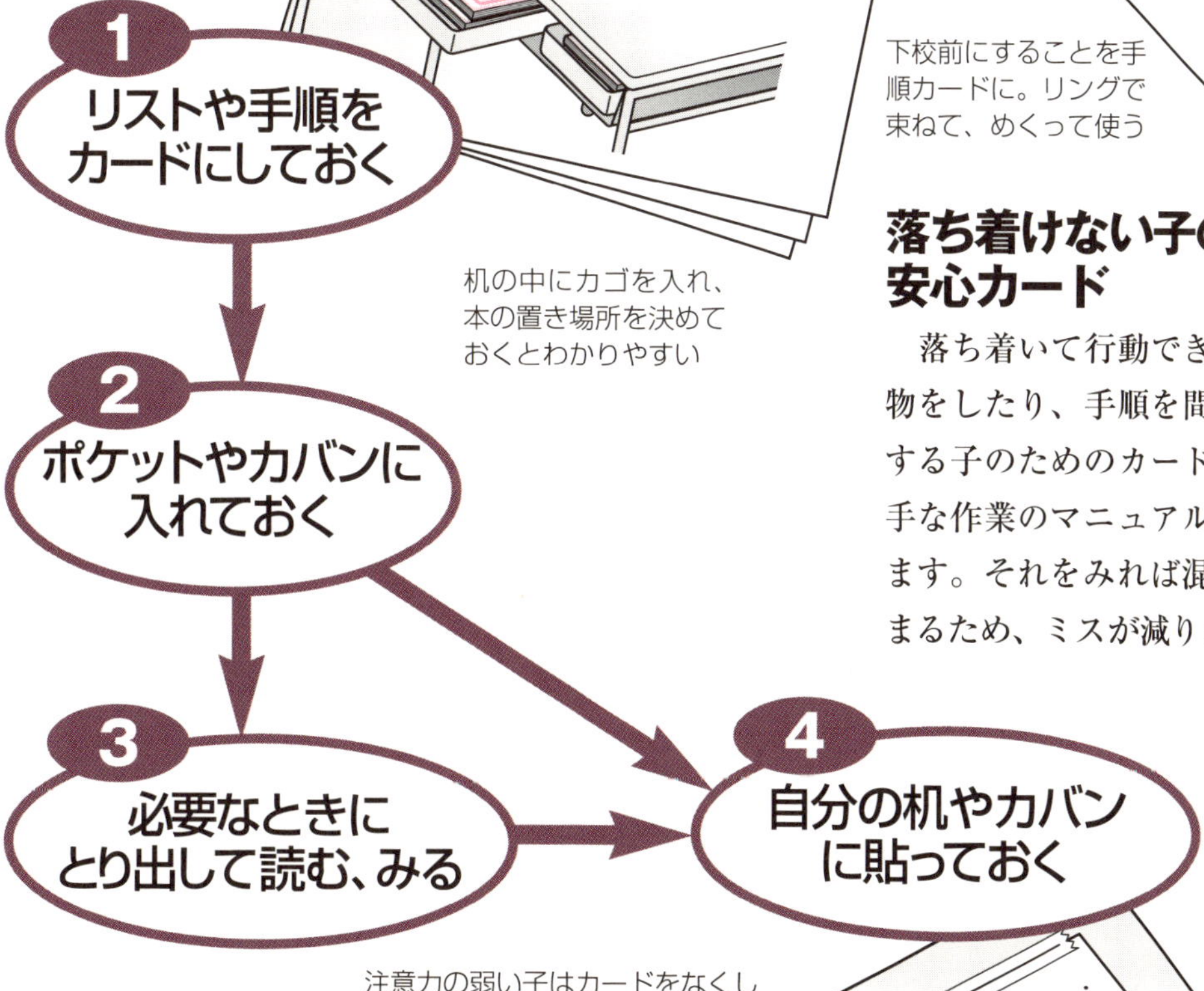
1
リストや手順をカードにしておく
机の中にカゴを入れ、本の置き場所を決めておくとわかりやすい
2
ポケットやカバンに入れておく
3
必要なときにとり出して読む、みる
4
自分の机やカバンに貼っておく

落ち着けない子の安心カード

落ち着いて行動できず、忘れ物をしたり、手順を間違えたりする子のためのカードです。苦手な作業のマニュアルを携帯します。それをみれば混乱がおさまるため、ミスが減ります。

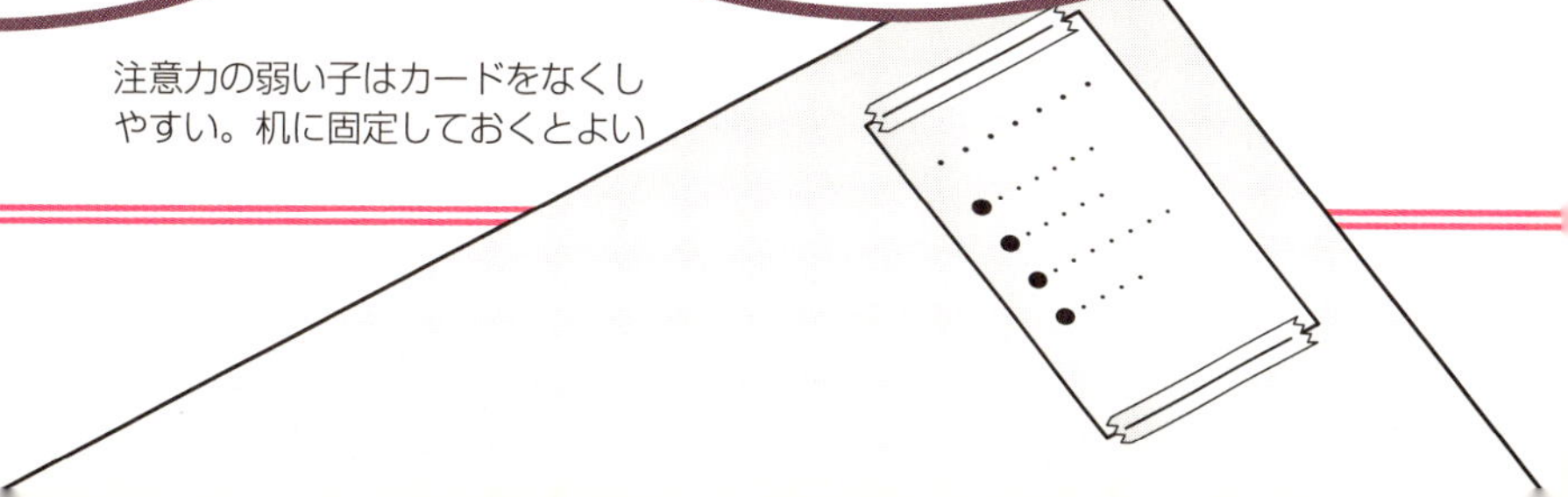
注意力の弱い子はカードをなくしやすい。机に固定しておくとよい

お母さん
お父さんに
アドバイス

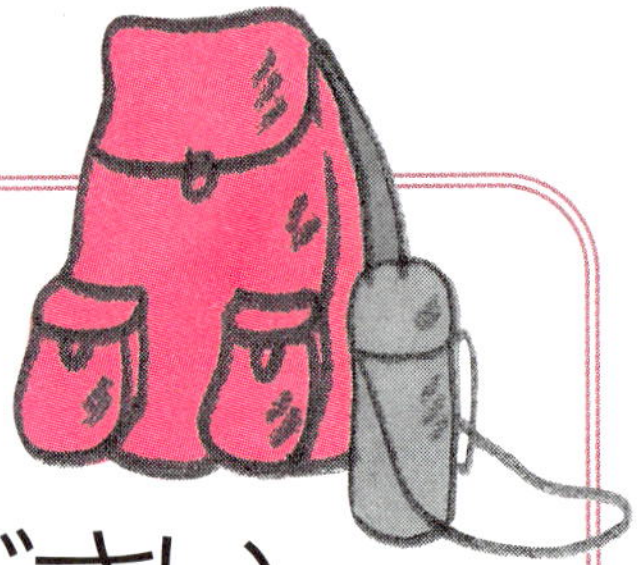

友達の数には こだわらないでください

「もっとたくさん友達を」と考えるのは、親の身勝手

「障害に負けず、友達をたくさんつくってほしい」と願う親御さんがよくいらっしゃいますが、これはアスペルガー症候群の子どもにとっては、重荷かもしれません。

　もちろん彼ら自身も、友達がほしいと思っています。ただし、彼らにとって大切なのは、アスペルガーの特性を理解してくれる友達です。無理解な友達が増えることは、彼らの本意ではありません。ただみんなと同じように友達の多さを求めるのは、親の身勝手ではないでしょうか。

わかりあえる仲間がいればよい

　友達が多いのは素晴らしいことですが、人数ばかりにとらわれてはいけないということです。

　もしも子どもが、どんな相手とでも友達になろう、とにかく友達を増やそうと無理をしていたら、止めてあげてください。

　ただ知っているだけの相手を何人も増やすことより、本当にわかりあえる仲間、感情をわかちあえる仲間をもつことのほうが、彼らの成長にとって大切です。友達が多くなくても、十分に幸せになれるのだと、話して聞かせましょう。

友達といっしょに作業して、喜びや悲しみをわかちあうことが大切

3

イラスト要素で授業の理解力アップ

授業についていくことができない子どもには、
特別な支援が必要です。
アスペルガー症候群の子の場合、
教材にイラストや写真、文字をとり入れると、
理解しやすくなります。

対応の基本

対応の差が、劣等感につながらないように注意

授業の理解に苦しむ子には、丁寧な教え方をする必要があります。その丁寧さに、子どもが負担や劣等感を感じないよう、配慮しましょう。

基本的な対応

子どもにとって理解しやすい教え方を心がける。絵や写真、文字を活用する

本に載っているのは基本だけ

発達障害の子を支援する方法は多岐にわたっていて、そのすべてを本書で紹介することはできません。本書に載っているのは、基本的な方法です。それらを覚えるだけでは、行き届いた支援はできません。

黒板に絵や文字を書いて、理解しやすく伝えるのは基本的な対応

自尊感情をはぐくむことが大切

学習面で支援をしていくとき、もっとも大切なのは、支援が子どもの自信につながるように、配慮することです。

子ども一人ひとりの特性や能力をきちんと見極めて、失敗をさけるように教えれば、子どもは勉強やテストをうまくこなせます。

そうして成功を重ねることで、子どもの自尊感情がはぐくまれ、自信をもって生活できるようになります。それが大事なのです。

いくら丁寧な支援をしても、子どもが失敗を繰り返すのでは、不適切です。丁寧で、なおかつ子ども一人ひとりにあった対応を目指しましょう。

一人ひとりにあわせてアレンジを

基本的な対応だけでは、支援がうまくいかないことがあります。絵を理解するのが苦手な子、対応を恥ずかしく感じる子など、さまざまな子がいるからです。子どもの様子をよくみて、対応をアレンジしましょう。

アレンジの仕方

- 成長とともに絵を大人っぽくしていく
- 絵が苦手な子には、文字や記号を試す
- 様子をみて、苦手なことだけ支援する

個別にアレンジ ○

自尊心

正しい理解にもとづく適切な対応をすると、子どもが「自分もがんばればできる」と感じ、自尊心を強くもつ

各教科のノートの中に、絵カードを貼る。みていても恥ずかしくない

画一的な対応 ×

- 幼稚園児にも中学生にも同じ対応をとる
- とにかくなんでも絵で説明する
- 国語・算数が苦手だと決めつける

劣等感

対応が不足したり、過剰だったりすると、子どもが「自分はダメな子だ」と感じて、劣等感をいだく。それがいけない

大きな絵カードをつくって、子どもに渡す。まわりの子にからかわれる

国語・社会

授業もテストも、質問をシンプルにする

国語や社会など文章を多く使う授業では、アスペルガーの子は文脈の理解に手間どります。わかりやすい書き方、話し方を心がけましょう。

話の要点をつかめない

アスペルガーの子は、長い文章を読んだり聞いたりしたとき、その文がなにを説明していて、そのうちのどこが重要なのか、理解することが困難です。

話の流れ

この話の主人公は、楽器を買うためにお金をためていました。もしも、そのお金を盗まれたら、主人公はどんな気持ちになるでしょうか？

仮定の話がわからない

細部に気をとられる

「楽器」という一語に気をとられ、ピアノを弾くことを想像しはじめてしまう

聞くことに集中できない

他人の考えを想像できない

曖昧な質問だと混乱する

よくあるトラブル

質問とまったく違う答えを言う

国語や社会の教科書を読み、その内容について質問をすると、まったく見当違いの返答をします。先生にもまわりの子にも「ふざけているんじゃないか」と思われてしまいます。

本人の気持ち
ちゃんと答えているじゃない！

この対応で解決！

尋ね方を変える

質問と回答のすれ違いをなくすために、質問を変えます。アスペルガーの子は質問の意図をつかみ、素早く回答することが苦手です。質問をシンプルにして、回答する時間を長くもうけるとよいでしょう。

選択問題に

三択問題や○×の選択問題にすると、答えやすくなる。選択肢を絵でみせるのもよい

○と×の選択式にすれば、質問に答えやすくなる

考える時間をもうける

すぐに回答できないようなら、しばらく待つ。その間、ほかの子の答えを聞いてもよい

よけいな言葉をはぶく

質問から、よけいな言葉をはぶく。「主人公は〜」と言わず、「○○くんはどう思う？」と聞くと、自分のこととして考えられる

文脈をうまく理解できない

アスペルガーの子どもには、長文の文脈をうまく理解できない傾向があります。

ものごとの全体より細部を気にする「シングル・フォーカス」の特性があるため、文章全体を読まず、単語や一文に気をとられることが多いのです。

大人がこの特性を把握して、文章をできるだけシンプルにするよう工夫すると、子どもたちが授業やテストで困ることが減ります。

国語・社会

ノートの書き方は、細かく教える

アスペルガー症候群の子は、授業の内容を整理して、ノートに書き写していくことが苦手です。具体的なサポートを必要とします。

聞きながら書くのが苦手

アスペルガー症候群の子は、複数の作業を同時にこなすことが苦手です。授業中、先生の話を聞くことに集中しすぎて、ノートは真っ白ということがあります。

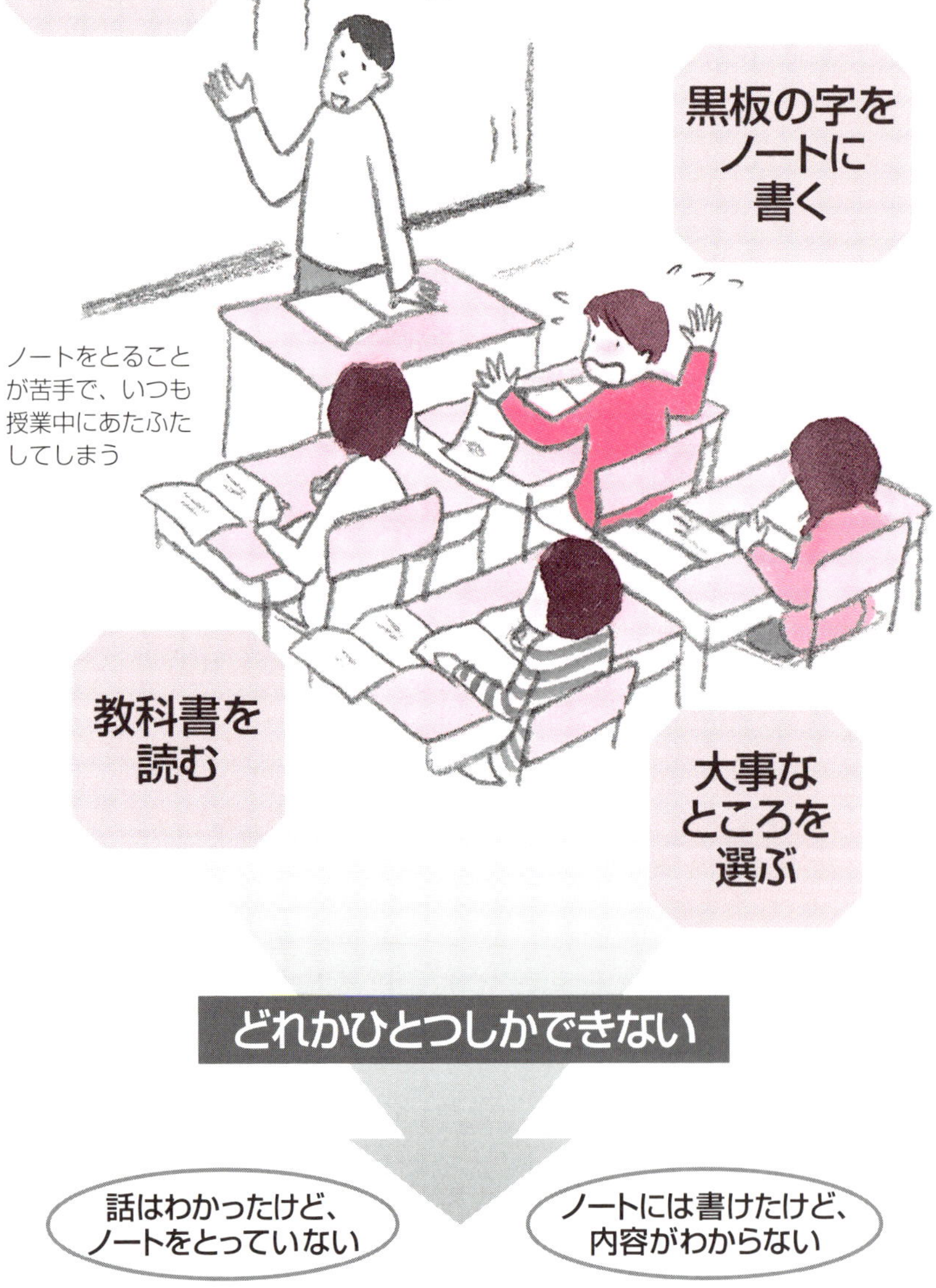
先生の話を聞く
黒板の字をノートに書く
ノートをとることが苦手で、いつも授業中にあたふたしてしまう
教科書を読む
大事なところを選ぶ
どれかひとつしかできない
話はわかったけど、ノートをとっていない
ノートには書けたけど、内容がわからない

書き方を変えるだけで学力アップ

先生が黒板に書いたことや話したことを、ノートにうまくまとめられない子がいます。そういった子には、ノートの書き方を丁寧に指導しましょう。

事前に書く、授業中はメモだけとるなど、さまざまな方法で対応できます。教師の側が、板書したことをしばらく消さないでおくのもよい方法です。場合によっては、ノートの代わりになるプリントをつくってもよいでしょう。

書き方を変えることによって、子どもの理解力が上がり、学力向上につながります。

文字を書くことが苦手な場合は？

ＬＤ（学習障害）の特性をあわせもっている場合、文字の読み書きが苦手で、字を書くことがほとんどできない子もいます。

予習・復習用のプリントや教科書のコピーを活用し、少しでもメモをとれれば、それを評価していくようにしましょう。自信をもたせることが大切です。

この対応で解決！

作業を分割する

「ノートをとる」という作業を、授業中にすべておこなおうとすると、なかなかうまくいきません。授業前後の時間を利用して、作業を分割しましょう。

事前に家族と教科書を読み、予習しておく。大事な部分にマーカーを引く

予習する

授業前に教科書を読み、大事なことをノートに書き出しておく

授業を受ける

授業中は話に集中。話を聞いて気になったことを、書き足していく

復習する

授業後にノートを読み、不足していることがあれば書き入れる

予習した段階で、ノートの半分に内容を書きこむ。授業中は補足だけ書く

実践例

シンプルでわかりやすい特製プリント

よけいな要素をはぶいてプリントをつくる

授業の資料やテストは、シンプルにまとめるとよいでしょう。情報が多ければ多いほど、アスペルガーの子の理解の妨げとなります。シンプルなプリントは、ほかの子にとっても役立つものです。

記入欄をシンプルに
年月日と科目、名前など、必要最低限の情報にする。それでも多ければ、なにもなくてもよい

×月○日
社会

名前＿＿＿＿＿＿＿＿＿＿

●江戸幕府とは

1600年（慶長5年）、関東の徳川家康が「関ヶ原の戦い」で石田三成をやぶり、天下を統一しました。

そして家康は1603年に征夷大将軍となり、江戸（現在の東京）に幕府を開きました。これが江戸幕府です。家康は戦いによって、手に入れた領地を味方の大名たちにわけあたえ、全国を支配して、安定した政治組織を築いていきました。

問題　年表をみて、江戸幕府誕生の前後にあった出来事を調べてみましょう。

答え＿＿＿＿＿＿＿＿＿＿

内容をシンプルに
問題番号や「もんだい」という字、点数記入欄などをはぶく。説明文によけいな装飾をしない

問題・解答欄は分ける
どこが問題なのかわかるように、問題・解答欄と説明文を分ける。別のプリントにするのもよい

社会科の資料用プリントの例。必要なことだけ記載する

1 教師がわかりやすいプリントをつくり、配る

2 本人が、自分にあったやり方でメモを書きこむ

プリントにどんどんメモを書き入れるように指導する

×月○日	名前
社会	

●江戸幕府とは

1600年（慶長5年）、関東の徳川家康が「関ヶ原の戦い」で石田三成をやぶり、天下を統一しました。

そして家康は1603年に征夷《せいい》大将軍《たいしょうぐん》となり、江戸（現在の東京）に幕府を開きました。これが江戸幕府です。家康は戦いによって、手に入れた領地《りょうち》を味方の大名たちにわけあたえ、全国を支配して、安定した政治組織を築いていきました。

問題　年表をみて、江戸幕府誕生の前後にあった出来事を調べてみましょう。

答え

マーカーを引く

大事なところにマーカーを引かせる。そこだけを読んでも、要点がわかるようにする

ふりがなをふる

読みづらい字にはふりがなをふらせる。各行に傍線を引くことで読みやすくなる子もいる

線でかこむ・メモを書く

解答欄を線でかこみ、解答の記入を忘れないようにする。そのほか、必要に応じてメモを入れる

マーカーやメモで読みやすくアレンジ

プリントをよりわかりやすいものにするために、子どもに色分けやメモ書きの仕方を伝えて、本人なりのアレンジをさせましょう。自分で書かせると、苦手なことを自覚するよい機会にもなります。

プリントを配るときはおしゃべりしない

授業と関係のないことを話しながらプリントを配るのは、よくありません。アスペルガーの子が、話の内容を覚えて、それに関するプリントだと誤解してしまう場合があります。

アスペルガーの子にプリントを渡すときは、よけいなおしゃべりをしないようにします。

算数・数学

数の概念をビジュアルで伝える

子どもが計算問題をちっとも解けず、いつも苦しんでいる場合には、数の概念がわかっていないのかもしれません。そこから教えていきましょう。

数の増減がわからない

記憶力が少し弱い

算数の文章題を読みとれない

どの問題も指を折って数えないとわからず、解くのに時間がかかってしまう

↓

頭の中で計算できない

暗算すると混乱する

算数を苦手とする子の多くが、頭の中で計算する能力に問題をかかえています。数を思い浮かべたとき、その増減をイメージできなかったり、途中で数値を忘れてしまったりして、計算を進められないのです。

「数」というものがわかっていない

アスペルガーの子のなかに、数を理解できなくて困っている子がいます。とくに、LDをあわせもつ子に多い悩みです。

数は〇から九まであって、足せば増え、引けば減るということが、彼らには理解できません。ものを数えるときに数字がとんだり、簡単な計算を間違えたりします。

彼らは、頭の中で数字を処理することが苦手です。数の変化を形で表し、みてわかるように伝えることが必要になってきます。

この対応で解決！

数を形にしてみせる

頭の中で考えるのが難しければ、目でみえる形にしましょう。数を形で表せるような教材を用意して、それを使って学びます。形にしてみると、数の変化がよく理解できるからです。

増減をみせる

定規の目盛りに印をつけ、それを移動させてみせることで、数の増減が理解しやすくなる

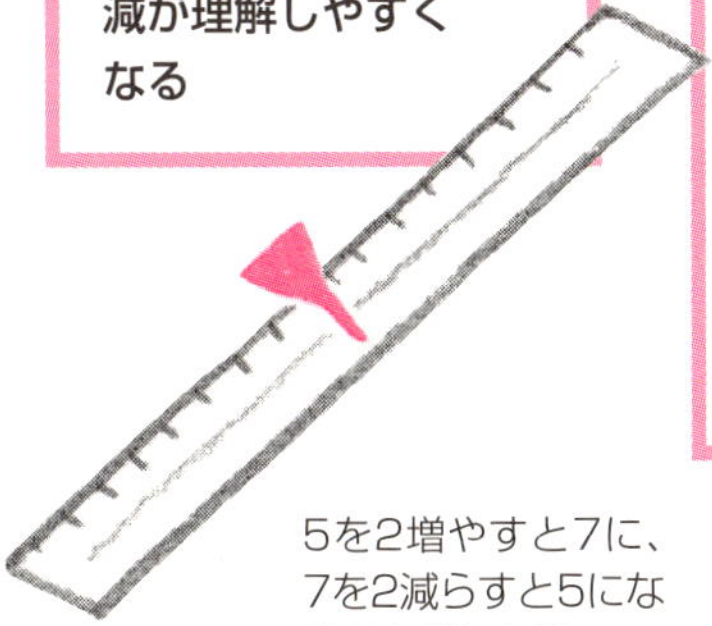

5を2増やすと7に、7を2減らすと5になることがわかる

大小をみせる

同じ大きさのものが少ないときと多いときの違いをみせる。数の大きさがわかる

丸形マグネットをみることで、数を実感できる

文章題の数字の部分や計算式に補助線を引くと、理解度がアップ

数を目立たせる

文章題を理解できない子には、数字の部分にマーカーを引いたり、文章を変えたりして対応する

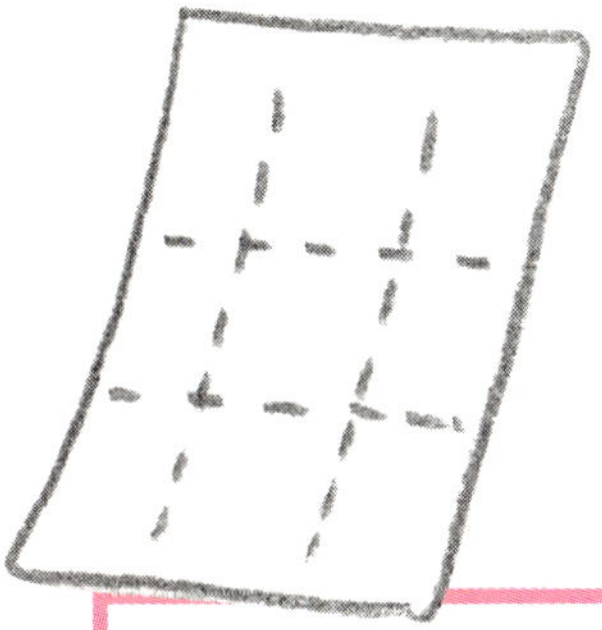

ケタをみせる

計算するときにケタを間違える子は、各ケタに補助線を引いたプリントを使うとよい

計算が得意で、いつも満点をとりたがる子もいる

アスペルガーの子のなかには、国語や算数の勉強が得意で、支援を必要としない子がいます。

ただし、そういった子には別の問題があります。点数や成績に高い価値を置き、満点にこだわる場合があるのです。九五点でも満足せず、文句をもらします。満点でなくても価値があることを、丁寧に説明していきましょう。

英語

英文の意味を、絵やカタカナ文字で補足する

アスペルガーの子は、日本語と同様に、英語でのコミュニケーションにも困難が生じます。英語も、絵や写真、文字を使いながら伝えるようにします。

よくあるトラブル

勉強へのやる気をなくしている

小学校時代に適切な支援を得られず、国語や算数などが嫌いになっている子は、英語に対してもやる気をもてません。中学入学時に英語学習にすんなり入っていけない子が、少なからずいます。

どうせできないから、ほうっておいて
本人の気持ち

話すたびにからかわれたり、注意されたりする

日本語を使う自信がなくなっていく

英語にも期待をもてない。最初からやる気がない

日本語の苦手意識が英語にも

英語学習がはじまるまでに日本語への苦手意識をもってしまった子は、その気持ちを英語にも当てはめがちです。自分は英語もうまく話せないだろうという先入観をいだくのです。

外国人教師とのコミュニケーションに興味や期待をもたない

この対応で解決！

英単語に親しむ

最初からうまく話すことを目標にするのは無理です。まずは単語に親しむことからはじめましょう。絵やカタカナと連動させて勉強すれば、覚えやすくなります。

わかりやすく伝える

絵と文字をみてカタカナを読むという、簡単なことからスタート。できることから挑戦する

アップル

単語だけでも使ってみる

カタカナ発音で英語への親しみが出てきたら、英語の発音や、単語を覚えることにチャレンジ

Apple

文章にして話してみる

単語を覚えたら、文章をつくってみる。少しずつ、難易度を上げていく。外国人教師と話してみる

I like an apple

話すことの自信がつく

英語の勉強を通じて話すことへの自信がつくと、日本語への苦手意識も少しずつ薄れていく

教え方の基本はほかの子と同じ

英語学習の支援法は、日本語学習と同じです。イラストや写真、文字を使って、わかりやすく伝えること、そして、一つひとつ丁寧に教えていくことです。

アスペルガーの子は、言葉を聞きとって頭の中で整理するのが苦手ですから、リスニング問題にはなかなか答えられません。発音を聞かせるだけでなく、ビジュアルで補足するとよいでしょう。

こういった支援は、ほかの子にも役立ちます。ネイティブの発音をただ聞くより、絵や写真をみたほうがわかりやすくなるのは、だれだって同じだからです。

絵や文字をみて、りんごは英語でApple（アップル）だと覚える

実践例

プリント類・提出物を整理するボックス

1 プリントを配り、内容を確認させる

2 内容の詳細や提出日、注意点などを伝える

3 シールやマーカーを使って、仕分けの準備

プリント類の分け方を決めておく

書類の整理が苦手な子には、プリントの分け方を具体的に教えましょう。まず、子どもが科目、用途、順番などのうち、どこに混乱してしまうのか把握します。そして、その点を絵や色で整理する方法を伝えていきます。

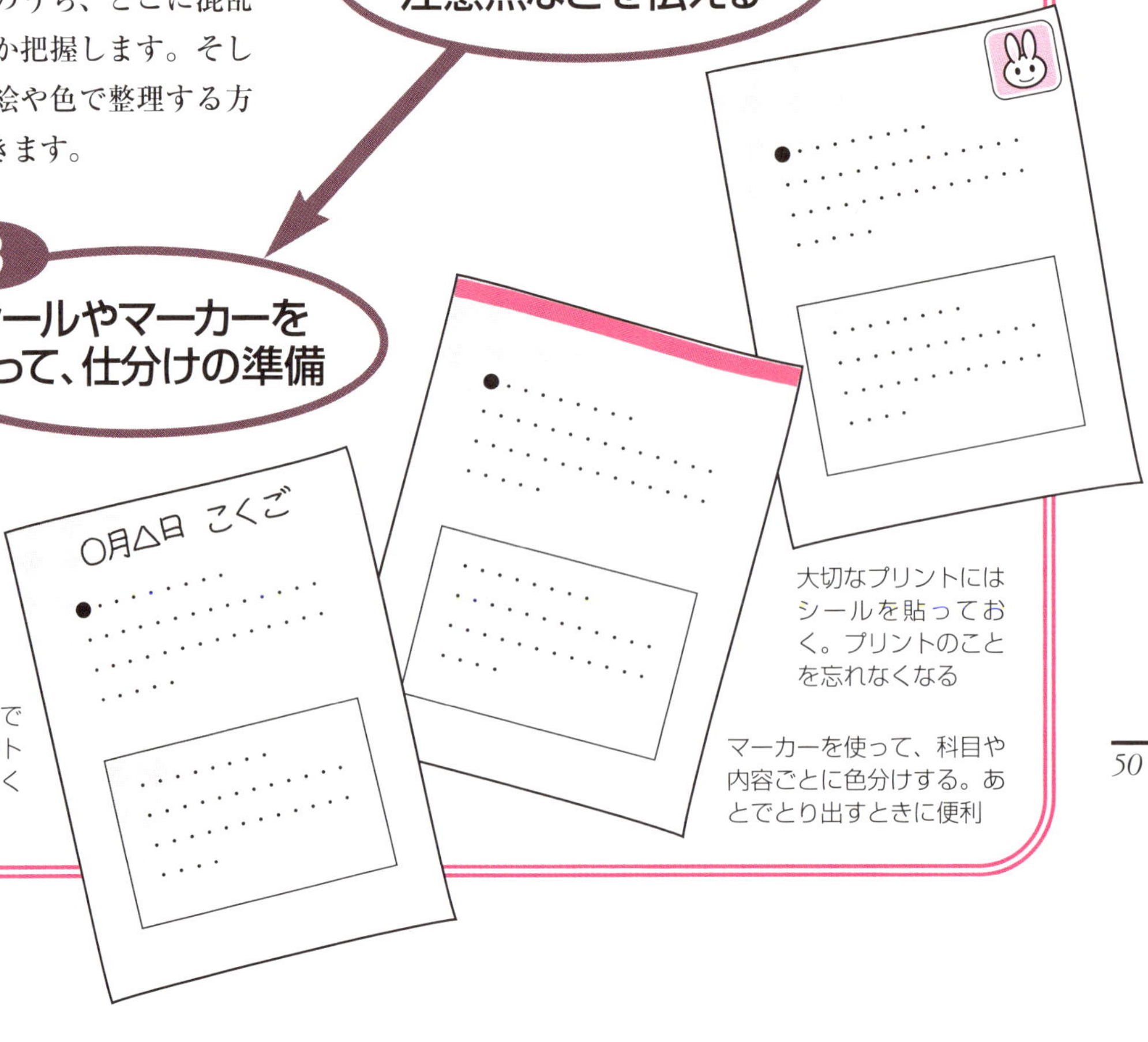

科目や日付を自分で記入する。プリントのどの部分に書くか、決めておく

大切なプリントにはシールを貼っておく。プリントのことを忘れなくなる

マーカーを使って、科目や内容ごとに色分けする。あとでとり出すときに便利

仕分けしたプリントをボックスへ

　子どもがプリントをなくしてしまう場合は、専用ボックスをつくることで対応します。机の横にボックスをつけ、プリントをそこに入れるよう指示します。なんでも一度ボックスに入れる習慣をつければ、紛失することが減ります。

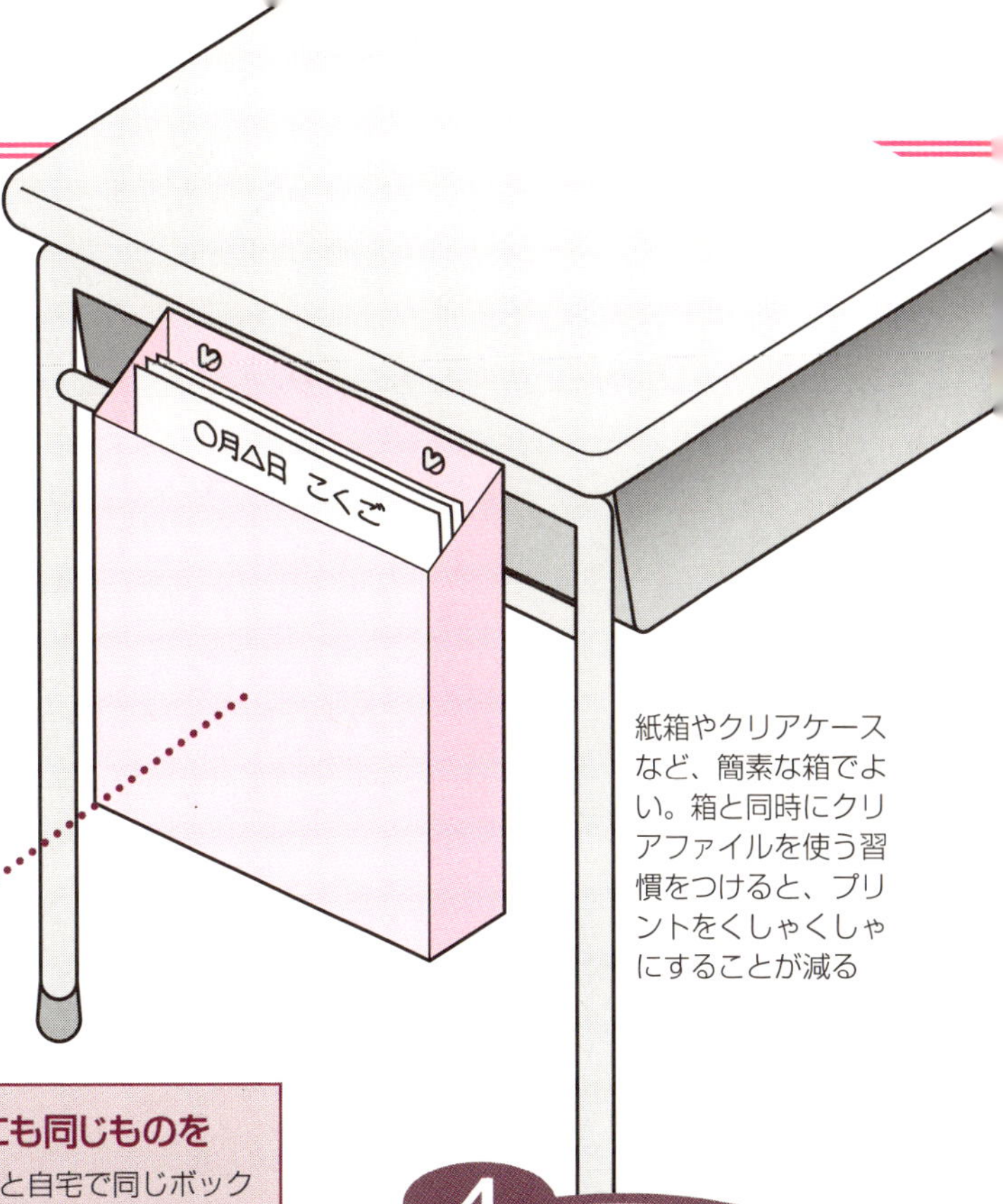

紙箱やクリアケースなど、簡素な箱でよい。箱と同時にクリアファイルを使う習慣をつけると、プリントをくしゃくしゃにすることが減る

できる範囲で分類

最初から完璧な管理ができなくてもよい。本人の混乱が少しでも減れば成功。ボックスも複雑なものにはしない

手が届く場所に

机に座っていて手が届く場所にボックスをつける。プリントの内容がわからず困ったら、ひとまずボックスに入れるように指示する

家にも同じものを

学校と自宅で同じボックスを使い、家でもプリントの整理を心がけると、理解度がよりアップする

4 メモ書きの終わったプリントをボックスへ

5 下校時にボックスを整理。プリントを持ち帰る

カードやボードと組みあわせて使う

　ボックスに絵カード（三四ページ参照）やスケジュールボード（六六ページ参照）を組みあわせると、子どもにとって、より理解しやすい環境ができます。

　プリント確認の手順を絵カードにしておいたり、プリントの色とスケジュールを連動させたりすることで、ボックスの使い道がより効果的になるのです。

生活・総合学習

趣味を自由研究にいかすように助言する

生活や総合学習の授業では、さまざまな分野のテーマを扱いますが、その幅広さに対応できない子がいるので、注意が必要です。

よくあるトラブル

テーマを自由に考えられない

自由研究をするとき、テーマを自分で決めることができません。選択肢が無限にあるような課題を与えられると、方向が決まっていないことに強い不安を感じ、混乱してしまいます。

自由な発想は苦手

事実や規則を理解し、覚えるのは得意なのですが、その知識を応用するのが苦手です。そのため、研究テーマを自由に考え、それについて自分の意見を述べることが、うまくできません。

興味の幅が狭く、いつも同じテーマを選ぶ

本の内容をそのまま解答に書いてしまう

図鑑やカタログなど、事実を書いてある本が好き。「生と死」などの複雑な概念を考えるのは苦手

テーマをしぼってスタート

テーマをまったく自由にする

この対応で解決！

テーマ設定を手伝う

アスペルガーの子は行動の自由度が広すぎると混乱するので、テーマ設定をある程度、手伝いましょう。途中まで手を貸して、子どもが自分で考えられる段階にきたら、じょじょに本人に任せていきます。

自由研究をできる

うまく設定ができたら、研究をはじめる。自分の意見をどうやってまとめるか、まわりに聞きながら進める

先生や友達と相談

ひとりで考えないで、先生や友達に相談する。テーマ設定がうまくいっているかどうか、確認する

テーマを決める

テーマになりそうなことがみつかったら、それについてどんな研究ができるか、考えてみる

テーマを探す

好きな分野から、研究テーマになりそうなことを探す。いちばん好きなものを挙げるだけでもよい

図鑑のなかでも虫のページが好きだという子に、昆虫研究のテーマをアドバイス

テーマを決められず、戸惑う

パニック！

やる気をうしなう

方向をある程度、定めるとよい

生活・総合学習の授業には、柔軟な発想力が必要です。教科書を使わずに自由研究をする、校外で農業を体験するなど、臨機応変《りんきおうへん》な判断と行動を求められる作業が多いからです。

アスペルガー症候群の子は、そういった未体験の作業に適応する柔軟さを、あまりもちあわせていません。未知の状況、自由な状況におかれると、自分がなにをすべきかわからなくなり、混乱することがあります。

大人が作業の方向性をある程度、指示することで、彼らの不安や混乱が減っていきます。

生活・総合学習

校外に出るときは友達といっしょに

授業で校外に出るとき、アスペルガーの子はふだんより緊張します。ひとりでは戸惑うことが多いので、安心できる友達といっしょに行動するようにしましょう。

ひとりで歩くと問題になりやすい

アスペルガーの子の多くが、はじめての体験や未知の場所に対して、強い不安と緊張を感じます。知らないものと接するのは、彼らにとってこわいことなのです。

校外で店舗や工場、農場などを見学するとき、まわりの子がはじめてみるものに目を輝かせているなかで、アスペルガーの子は不安や恐怖を感じています。

彼らは不安をかかえたまま、ひとりで行動していると、不安や緊張が高じてパニックになってしまうことがあります。アスペルガーの子が校外で落ち着いて行動するためには、先生や友達の協力が必要なのです。

悪気なく迷子になる

好きな店やものをみかけると、そちらに気をとられて、迷子になることがあります。全体より細部に集中する特性があるためです。悪気はないのですが、授業の主旨を忘れてしまいます。

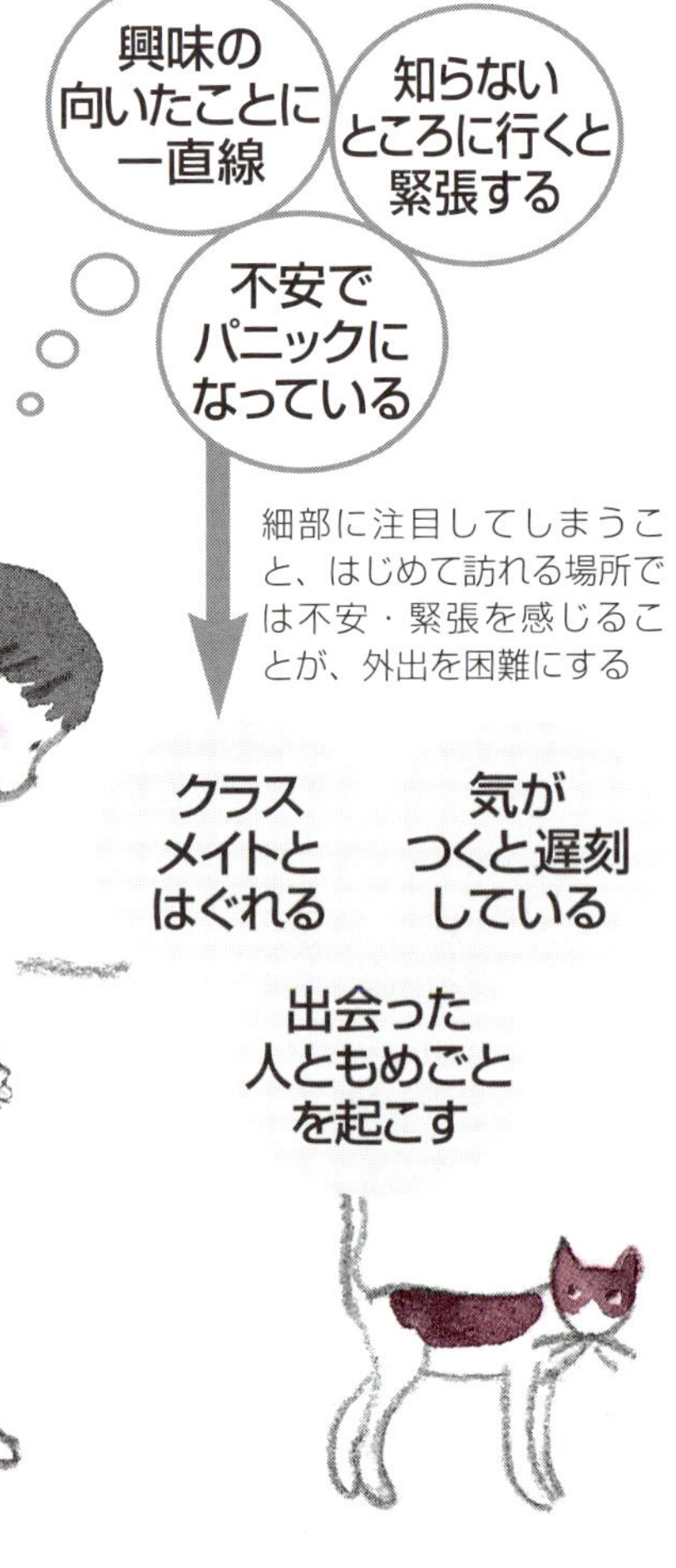
興味の向いたことに一直線
知らないところに行くと緊張する
不安でパニックになっている
細部に注目してしまうこと、はじめて訪れる場所では不安・緊張を感じることが、外出を困難にする
クラスメイトとはぐれる
気がつくと遅刻している
出会った人ともめごとを起こす

道行く猫に気をとられ、目的地を忘れてしまう

この対応で解決！

パートナーを決める

校外で落ち着かない子は、仲のよい子にパートナーになってもらって、その子と相談や確認をしながら行動するようにします。不安がやわらぎ、ミスも減って、行動への自信がつきます。

グループになる

班や出席番号などにこだわらず、アスペルガーの子の行動しやすさを優先してグループをつくる

全員に説明

先生が校外での行動のスケジュールを、全員に知らせる。行程をプリントやカードにして配るのもよい

本人と友達に説明

アスペルガーの子と、パートナーになる友達には、困ったときにはすぐ先生に相談するよう伝えておく

徒歩の場合

先生が手旗をもつ。手旗を目印に集合するよう、子どもたちにあらかじめ伝えておく

POINT
日頃から
アスペルガーの子の
問題に協力的な子を
同じグループに

出発！

歩いて移動するときは、アスペルガーの子がはぐれないよう、まわりが気をつける。先生か友達がうしろから見守るように歩く

- 先頭を歩いてもらう
- 先生が手をつなぐ

乗り物を使う場合

首から下げられる日程表をつくる。不安になったらいつでも自分で確認できるようにする

出発！

電車やバスなど乗り物を使う場合は、先々の予定を早めに伝えたり、確認したりして、アスペルガーの子の不安をやわらげる

- 乗り継ぎを早めに予告する
- 何度も確認しあう

POINT
パートナーになる子には、特別に時間をもうけて説明をおこなう

道徳

話しあうときには、具体例をたくさん挙げる

道徳の授業やホームルームでは、「思いやり」や「迷惑」など、曖昧な概念をとりあげることがあります。アスペルガーの子には理解しにくい言葉です。

抽象的な言葉がわからない

アスペルガーの子は、実体のないことを理解するのが苦手です。人の感情や善悪の概念について話しあうときに、討論についていけないことがあります。また、自分の意見を言うことができるいっぽうで、人の話を理解することには困難を感じがちです。

抽象的な言葉、曖昧な言葉がわからない
思いやりと
ボランティア
話を聞くだけでは理解しにくい
自由討論にうまく参加できない
先生の話より友達の私語が気になる

「どんなことが思いやりになるか」というような道徳的な話しあいが苦手

写真やビデオをみせ、例を挙げる

道徳の授業では、価値観や行動規範など、難しいテーマを扱って話しあうことがあります。いずれも形のないものごとで、アスペルガー症候群の子にはうまく想像できないことです。

こういった抽象的なテーマをとりあげるときには、それらのテーマの実例を挙げながら話しあうとよいでしょう。

実例を文字や絵で表したり、写真やビデオをみせたりして、話している内容を実感できるようにします。テーマが形としてみえると、アスペルガー症候群の子にも理解しやすくなります。

この対応で解決！

話しあいのルールをつくる

討論にある程度のルールをつくっておくと、アスペルガーの子も話しあいに参加しやすくなります。話を整理しながら、討論を進めていくのがコツです。自分の意見をうまく言えない子には、まわりから質問を出すとよいでしょう。

みんなで決める

だれかひとりがルールを決めると、不公平になる。先生を中心に、みんなで話しあって決める

○ 決まりの例

- 意見を言う順番を決めておく
- 意見が出たら黒板に書く
- 話がずれたら司会者が元に戻す
- ひとりずつ話す
- なるべく具体例を挙げる

× 禁止事項の例

- 人が話しているときに話す
- 曖昧なことを話す
- 話す人がいつも同じ人になる
- 早く意見を出せない人は順番をとばす
- 自分と違う意見の人にキレる

アスペルガーの子は、クラスメイトが自分と違う意見を言うと怒ってしまうことがある

実践例

発達障害のことを クラス全員に伝える方法

子どもの発達過程をノートやシートに記録して、保護者と教師で情報を共有する

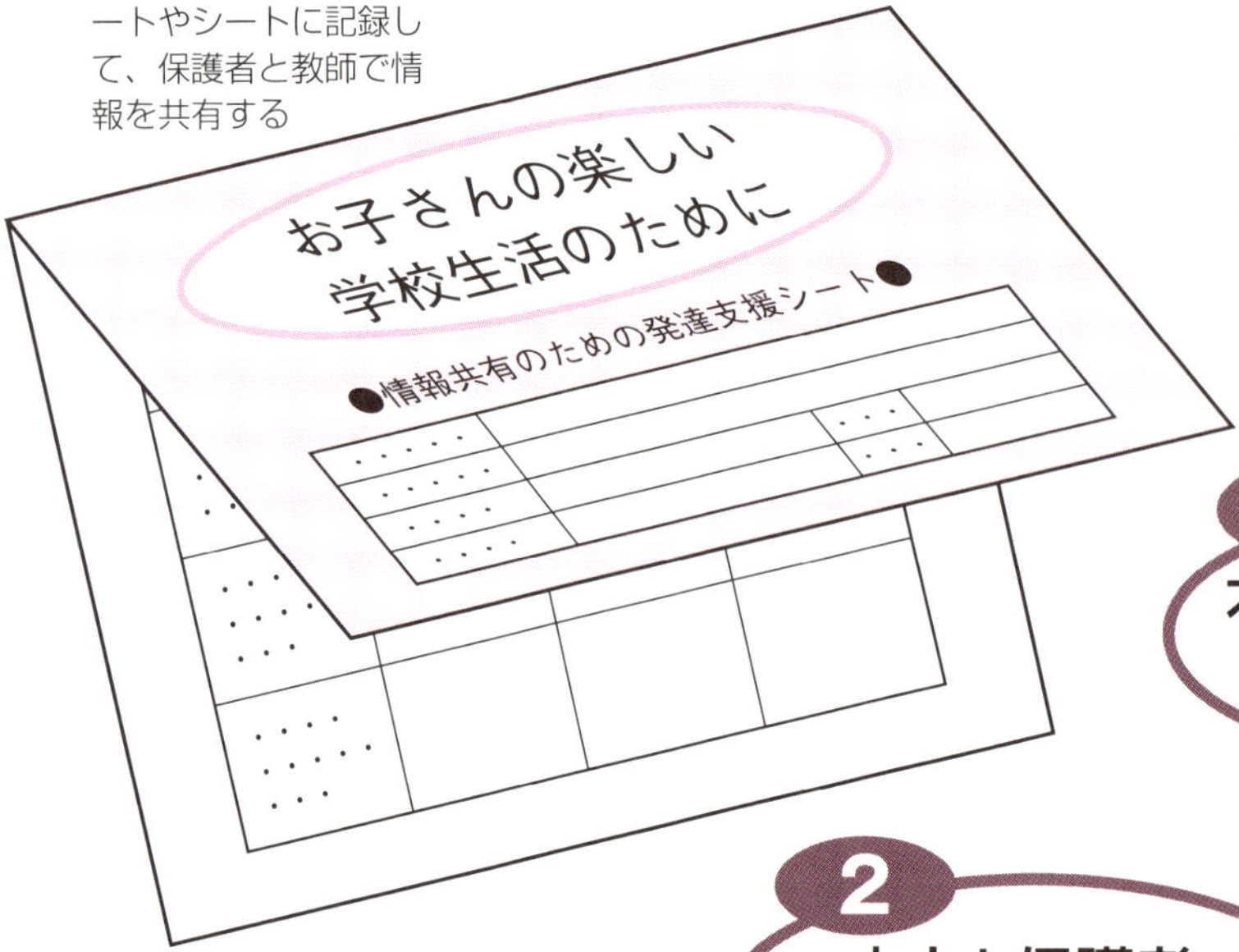
お子さんの楽しい
学校生活のために
●情報共有のための発達支援シート●

まず、大人たちが共通理解をもつ

発達障害の告知を考えるときには、まず大人が子どもの状態について共通理解をもつことが大切です。保護者や教師が情報を交換して、子どもの特性と悩みを理解します。そのうえで、だれになにを伝えるか、相談していきます。

1 本人が自分のことをよく理解する

2 本人と保護者、教師で話しあう

3 教師たちの間で情報を交換・共有

POINT

必ず本人の意志を確認する。本人がまわりから特別視されることに抵抗を感じるようなら、その気持ちを尊重して、告知をいったん延期するのもよい

ホームルームなどを利用して、障害のことをみんなで話しあう。先生の協力が必要になる

伝える内容を相談する

苦手なことだけ伝えるか、障害の詳細も伝えるか、本人と周囲の大人で相談して決める

メリットとデメリットを意識する

サポートを受けやすくなる反面、特別視されるつらさもある。本人がその両面を理解することが大切

状況をみて、伝える内容を決める

告知には、よい面と悪い面があります。よい面が出るように、伝える相手や内容を調整しなくてはいけません。子どもたちの人間関係をよくみましょう。告知によって、子どもが理解者にかこまれて学び、生きることが理想です。

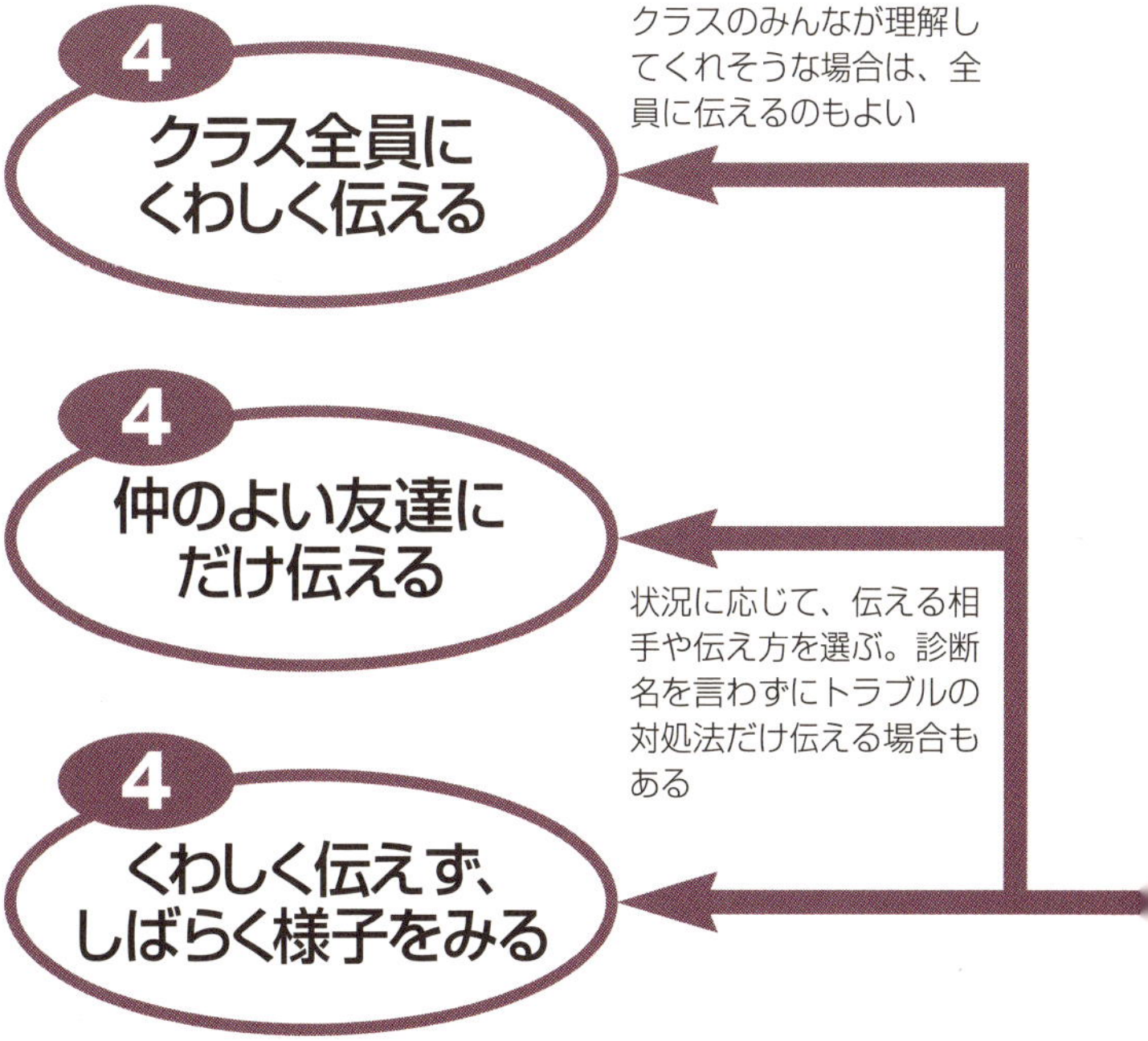
4
クラス全員にくわしく伝える
4
仲のよい友達にだけ伝える
4
くわしく伝えず、しばらく様子をみる

クラスのみんなが理解してくれそうな場合は、全員に伝えるのもよい

状況に応じて、伝える相手や伝え方を選ぶ。診断名を言わずにトラブルの対処法だけ伝える場合もある

理科・図工・家庭

道具の使い分けを、無理強いしない

教室を移動して実習をする授業では、平常授業との違いに子どもが戸惑います。すぐには適応できない場合もあるので、無理強いはしないでください。

よくあるトラブル

道具をひと目で見分けられない

のこぎりやハンマー、くぎなど複数の道具を使うときに、それらの道具を手早く使い分けることができません。のこぎりだと思ってハンマーを手にとったり、そのまま使ったりしてしまいます。

ものを認知する力が弱い

みたりさわったりして、道具を素早く認知することが苦手です。ほかの子が「もっと重いやつ」「黄色いやつ」などの曖昧な言葉でも理解できることを、アスペルガーの子はすぐには理解できないからです。

細部をみてしまい、道具の全体像をつかめない

長さや重さがよくわからない

道具の形と名前が一致しない

ほかの子と触覚が違い、話が通じない

「ピーラーをとって」と言われたとき、どれがピーラーなのか、すぐにはわからない

この対応で解決！

手先を使ってなれていく

実習の授業をこなすためには、体を使ってなれていくしかありません。できる範囲で道具を使い、実習室の雰囲気や作業に対する抵抗をやわらげていきます。

本棚に紙やすりをかける。さわって嫌ではないものは、積極的に使ってみる

棚に道具の名称と写真を貼っておく。使うたびに名前が頭に入っていく

道具を使ってみる

まずひとつの道具を使う。指示もシンプルにして、ひとつの作業だけおこなう

形と名前を覚える

使えるようになった道具の形と名前を一致させる。写真や文字を活用する

使い分けにチャレンジ

ほかの道具にもチャレンジして、複数の道具を使えるようにしていく

使うことになれていく

経験をつみ、道具の使い分けになれていく。できる範囲でかまわない

道具をもつこと、使うことに苦労する

アスペルガーの子には、不器用で微細運動《びさいうんどう》を苦手とする子がいます。微細運動とは、手で箸を使うときのような、細かな動きです。その特性がある子は、道具の使い分けがスムーズにできません。

また、感覚過敏で道具をうまく使えないこともあります。手先の触感に過敏性があり、ベタベタするもの、ザラザラするものなどをさわると、不快に感じるのです。

教室の移動にも動揺する

理科や図工、家庭の授業では、道具の使い分けとともに、教室の移動にも苦労します。

ふだんすごしている教室を離れると、気持ちが落ち着きません。なれない状況への違和感から、冷静に行動できなくなります。

さまざまな特性が、実習の授業を困難にしているのです。

音楽

音の大きさ、歌と演奏の難しさを調整

アスペルガーの子は聴覚過敏の特性があったり、声量の調整が苦手だったりして、音楽の授業に苦手意識をもつことが多く、フォローを必要としています。

よくあるトラブル

合唱をするとき、ひとりだけはげしくずれる

合唱のときに、音程やリズムがほかの子とずれてしまい、めだちます。本人はずれていることに気づいていません。まわりから間違いを指摘されても、なにが違うのか、理解できません。

本人の気持ち
ぼくは気持ちよく歌っているのに!

まわりと感覚があわない

音に対する感覚が、まわりの子と異なります。音の高さや速さを周囲とあわせるのが苦手です。また、大きな音を嫌がることや、授業と関係のない音に気をとられることも、よくあります。

ひとりだけ大きな声を出す
音程やリズムがあわない
伴奏が大音量だと歌えない
音楽と指示が同時に聞こえると混乱する

まわりの子と同じように歌えていないことを、自覚できない

本人が嫌でなければチャレンジする

合唱や楽器の演奏など、音楽の実技課題は、アスペルガーの子どもにとっては、難しい作業です。

彼らは音を聞きながら、それにあわせて声を出したり演奏をしたりするのが苦手です。とくに、細かな動きを必要とする楽器は、うまく扱えない傾向があります。

教え方を変え、練習をつめば克服できることもありますが、それが困難な子もいます。子どもの様子をよくみて、嫌がっているようであれば、大人の都合で一定の練習を強制しないようにしましょう。できることからチャレンジしていけばよいのです。

この対応で解決！

あわないところを確認する

問題が音程なのか、それともリズムや声の大きさにあるのか、具体的に確認していきます。録音機器を使ったり、個別に歌ったりして、客観的に調べます。本人が自分の苦手な部分に気づくことが大切です。

録音してチェック

合唱や演奏を録音して、本人に聞いてもらう。あっているものと聞き比べる

個別に練習する

ほかの子の声に惑わされないよう、個別に練習する。苦手な部分に集中的にとりくむ

みんなとあわせる

問題点を克服できたら、ほかの子とあわせてみる。最初は間違ってもよい。少しずつミスを減らしていく

ほかの子がフォロー

じょうずな子といっしょに練習したり、同じパートを担当したりする。ミスがフォローされ、自信がつく

別パートに変える

苦手なところがなかなかなおらない場合は、担当パートを変更するのもよい。できることで自信をつけていく

練習も本番も、みんなで支えあえばうまくいく

体育

運動の流れを、事前にくわしく伝える

体育の授業では、ルールや勝敗を考えながら体を動かすことが求められます。アスペルガーの子には、その「考える」部分でフォローが必要です。

はじめての種目に対応できない

バスケットボールや柔道など、ふだんしていない競技をするときに、よくミスをします。動作にもルールにもなれていないため、瞬間的な判断ができず、その場にあわない行動をしてしまいます。

もともと運動が苦手

体の各部を細かくコントロールするのが苦手。アスペルガーの子には、運動を嫌がる子が多い

- 走るときやけるときの動作がぎこちない
- 軽く投げる場面で、思い切り投げてしまう

友達に怒られて、嫌になってしまう
ルールがわからなくて混乱する
動作がぎこちなく、転んでしまう
先生や友達からの指示が多く、理解できない

バスケットボールで早い判断を求められ、あわてて転んでしまう

運動がより苦手になる

体育の授業や部活動で失敗を繰り返すうちに、運動が嫌いになる。練習を嫌がり、より苦手になる

- 笑われるのが嫌だから、運動をしない
- 迷惑をかけないように、なるべく動かないようにする

運動が得意な子もいる？

アスペルガーの子がみんな運動を苦手としているわけではありません。はじめての競技にすぐ適応できる子もいます。また、徒競走が苦手でも、ほかの競技には問題がないということもあります。「この子は運動ができない子」と決めつけて運動をさせないのは、間違った対応です。準備や予習をしたうえで、ひとまず体験させてみるとよいでしょう。

この対応で解決！

予習を万全にする

動作のミスや運動への苦手意識を少しでも減らすために、予習をしておきましょう。用意する道具や、授業をおこなう場所、授業の流れなどを、子どもにあらかじめ説明しておきます。

なにをするか、わかっていれば楽しめる

体育は、運動が好きな子にとっては楽しい授業ですが、アスペルガーの子にとっては、困難をともなう授業となります。

短い授業時間のなかで、競技のルールを覚え、必要な動作を身につけ、それを試合で発揮するというのは、アスペルガーの子には難しいことだからです。

授業の前に覚えておけること、考えておけることは、事前に伝えましょう。細かいことを考えず、シンプルな動作を楽しめば、苦手意識が薄れていきます。

サッカーのパスだけ練習。まずは体を動かすことになれるのが先決

準備することを確認

競技のルールや使う道具など、事前に確認できることをすませておく

授業の流れを説明

練習の種類や流れ、試合形式のルールなどを、授業の前に説明する

まず、ひとりで練習

ひとり、または少人数で練習しはじめる。まず動作になれる

みんなと練習する

運動になれてきたら、グループにまざって練習や試合をする

指示はシンプルに

運動中に細かい指示を出すと、混乱のもとになる。「右へけって」「前へ走って」など簡単に

差がついても気にしない

上達の早い子との間には、多少の差はつく。あわてずに、少しずつなれていけばよい

実践例

一人ひとりにあった スケジュールの立て方

〜小学校低学年

理解しやすい形を探していく

スケジュール表の基本形は、よけいな要素をはぶき、文字と絵で構成したものです。上から下に向かって予定を書き出すと、わかりやすいでしょう。ただ、個人差があるので、基本にこだわらず、子どもが理解しやすい形を探すことが大切です。

1 まず、基本的なスケジュール表をつくる

表に入れる要素

小学校低学年ごろは、数字やひらがなでシンプルな表をつくり、教室のめだつところに貼る。ミスの多いところや大切なところをめだたせる

- ●動物やアニメのシール
- ●リボンやマグネット

科目の横にマグネットをつけておき、授業が終わったら「おわり」の箱に入れる。授業後に科目を傍線で消したり、科目の札をはがしたりするのもよい

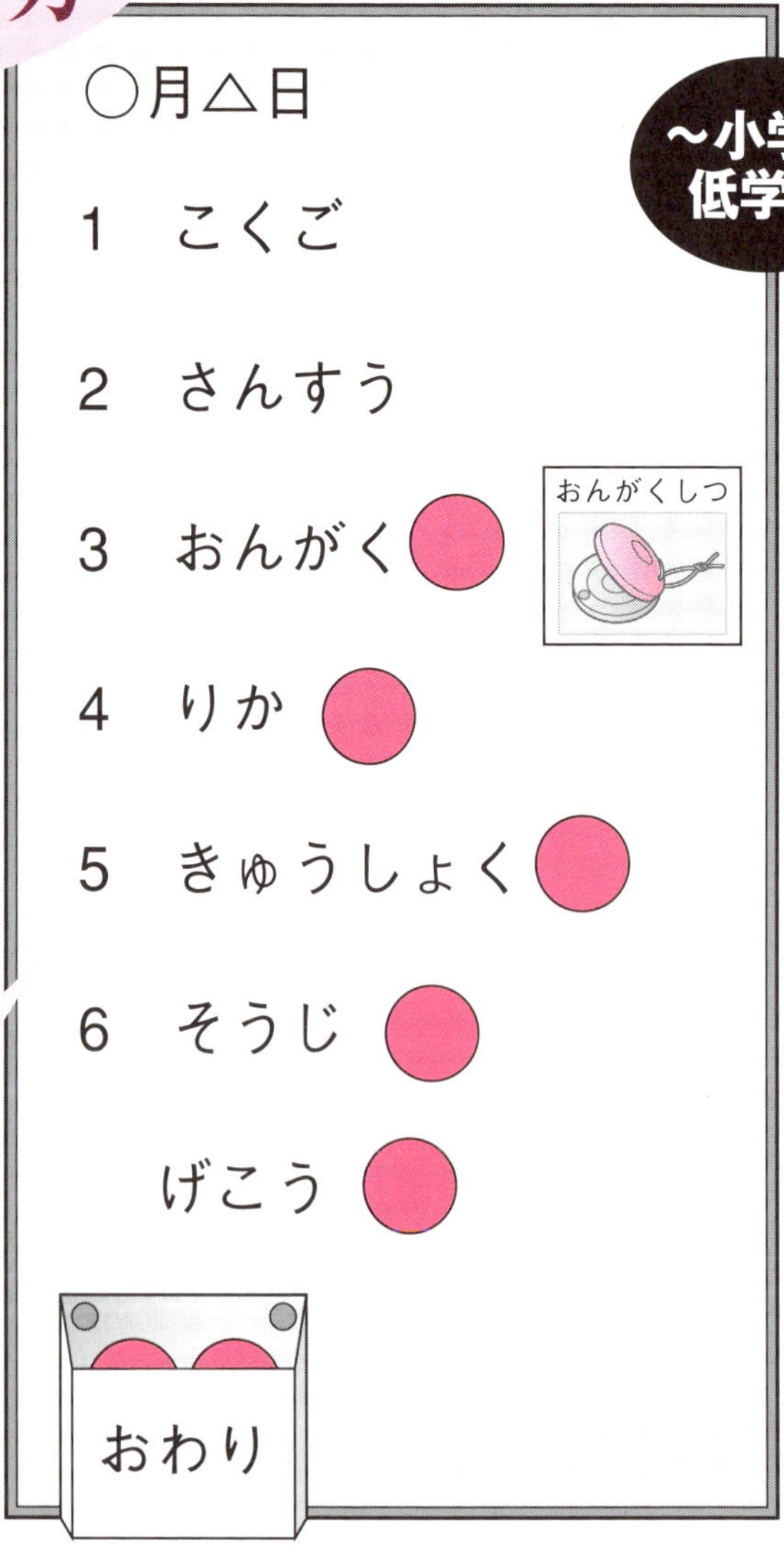

○月△日
1　こくご
2　さんすう
3　おんがく
おんがくしつ
4　りか
5　きゅうしょく
6　そうじ
げこう
おわり

○月×日

提出物・社会の宿題
・家庭訪問の日程表

1	図工	美術室	
2	図工		
3	国語		
4	算数		
	給食		
5	体育	~~校庭~~ →	雨のため体育館に変更
6	体育		
	下校		

小学校高学年～

↑高学年になったら、プリントにして配る。大事なことを各自が書きこめるような形式にしておき、自己チェックを習慣づける

→時刻と行動の一覧を渡すときは、時刻がずれる可能性があることを伝える

社会科見学　スケジュール

① 13時00分　正門前に集合、出発

②　○○駅で電車に乗る

③　△△駅に到着、歩いて××工場へ

④ 14時00分　××工場を見学

⑤　見学終了、学校に戻る

表に入れる要素

小学校高学年ごろは、要素が増えても理解できる。提出物や注意点の項は空欄にしておいて、子どもが自分で書いて覚えるように指導する

- 文字や数字、図、記号など
- 自己チェック用の記入欄

メモとして使える

スケジュール表であり、もちものや行き先をメモする紙でもある

変更点を書きこむ

雨による変更や時間のずれなどを、自分で書きこむ

2 年齢や個性にあわせて、改良していく

成長にあわせてみせ方を変える

シンプルなスケジュール表を使いこなせるようになったら、少しずつ表に入れる要素を増やしていきましょう。教室の時間割とは別に、個々にプリントを配って、自分の予定を自分でチェックする習慣をつけると、のちのち役立ちます。

お母さん
お父さんに
アドバイス

特別支援学級で自信をつける子もいます

通常学級にこだわりすぎると、ストレスに

アスペルガーの子は、障害があるといっても、会話も勉強もできます。そのせいか、親から「できるだけ通常学級でがんばって」と期待されることが多いようです。

彼らの能力に期待するのはよいことなのですが、それが過剰になってくると、大きな問題です。

子どもが苦手分野の作業で苦しんでいるときに支援をせず、叱咤《しった》激励《げきれい》するだけではいけません。できないことを強要すると、ストレスでやる気をなくしてしまいます。

適切な支援によって学習意欲が増す

苦手な分野については、高機能自閉症だからこそ、特別支援学級を利用することも考えましょう。そのほうが学力、学習意欲が増す場合があります。

特別支援を受けると、自分のもっている特性がわかってきます。苦手なことも思い知りますが、それと同時に、得意なことも自覚できるのです。

等身大の自信が身について、通常学級の勉強にも、無理なくとりくめるようになります。

特別支援学級とは

小・中学校

通常学級

通常学級での学習で理解しきれないことを、特別支援学級で学ぶ

通級指導教室

特別支援学級
発達障害やそのほかの障害の子をサポートする学級。悩みやトラブルに個別に対応してくれる

特別支援学校

以前の盲学校、ろう学校、養護学校を統一した学校。障害のより専門的な支援が受けられる

4

係・当番・部活動のトラブル予防法

アスペルガー症候群の子どもは、
本来、決まりごとを守るのが得意です。
彼らが係や当番のルールを守れず、
トラブルを起こしているとしたら、
それは指示の仕方に問題があるのかもしれません。

対応の基本

決まりごとはひとつずつ、せかさずに伝える

学校生活の決まりごとを守れない子がいたら、指示の仕方を変えてみましょう。丁寧に、ひとつずつ教えるようにすれば、うまく作業できるようになります。

「当たり前」のことがわからない

世の中には、順番を待つ、マナーを守るなど、わざわざ言わなくてもわかる常識があります。多くの子は、まわりの様子をみて常識を学びます。ところが、アスペルガーの子にはそれができません。彼らは、はっきりと言葉で伝えたことしかわからないのです。

眼科検診の目的が理解できず、すべての記号を当てようとする

回数や規模

身体検査はひとり1回ずつ受ければよいことがわからず、何度も検査を受けようとする

言葉の指示

「ちゃんとして」と指示しても、「ちゃんと」がわからない。検査を受ける姿勢や態度をなおせない

作業の目的

検査の主旨を理解していない。規定の線より前に出たり、嘘をついたりして、視力を上げようとする

順番や手順

列に並んで自分の番を待つことができない。また、右目だけおこなうなど、手順を間違える

スタートとゴール

検査の最初と最後がわからない。すべてみえるようになるまで視力検査を続けようとする

見通しが立てば、作業できる

アスペルガーの子が常識やマナーに戸惑うのは、それらが形になっていないものだからです。

暗黙の了解としてかたづけず、いつ、どこで、なにをすればよいのか、言葉ではっきり伝えれば、彼らにも行動の見通しが立ち、適切な行動がとれます。

彼らに指示をするときは、ひとつずつ、具体的に教えていくことが大切です。「当たり前」のように思えることでも、回数や方向、規模などを具体的に伝えましょう。

見通しの伝え方

アスペルガーの子は、複雑な文章で指示されることを嫌います。情報が多くて処理しきれないからです。ひとつずつ、確実に伝えていきましょう。

スモールステップ

一歩一歩、歩むように、じっくり丁寧に伝えていくこと。アスペルガーの子以外にも、わかりやすく伝わる方法

健康診断を明日します

↓

体操着を用意してください

↓

保健室でおこないます

↓

5つの検査があります

↓

5つ終わったら、教室に戻ります

忘れそうなことがあったら、メモ用紙に書いて渡してもよい

健康診断の流れをプリントにして渡す。補足説明もしておくと、より確実に

係・当番

「手抜きしない」という長所をいかす

アスペルガー症候群の子は、規則的・習慣的な行動をとるのが得意です。その長所をいかすと、だれよりも誠実に係や当番をこなすことができます。

仕事を自分で覚えるのは苦手

係や当番の仕事を、みて学び、覚えることができません。とくに指示がなければ、好きなことをしています。まわりの子から「サボるな！」と非難されがちです。

みて学ぶことができない

サボっている自覚がない

みんなが知っている決まりを知らない

人には厳しいことを言う

みんながウサギの世話をがんばっているときに、横でみている

きちんと教えれば、習慣として身につく

アスペルガーの子に係や当番の仕事を頼むときには、彼らにあった形で指示をしましょう。「前任の子と同じように」などと言って指示を省略すると、彼らに仕事の内容と意義が伝わりません。

彼らは、非常に几帳面《きちょうめん》で、正確性や具体性にこだわります。仕事の内容をくわしく伝えないと、自分がなにをするべきか理解できなくて、悩んでしまいます。

黒板や床、ロッカーなど、担当の場所を決め、作業の内容も具体的に伝えましょう。彼らは、理解した作業は手抜きをしません。毎日守れます。そのようにして、彼らの几帳面さをいかしましょう。

この対応で解決！

長所をいかした教え方

アスペルガーの子には、規則的な作業を、文句を言わずにこなせるという長所があります。彼らには、法則性のある作業を任せるとよいのです。

長所

- 手抜きしない
- 規則を守る
- 素直に学ぶ
- 口答えしない

↓

守るべきことを伝える
役割をはっきりさせる
できたら評価する

↓

係・当番を通じて自信がつく

↓

自尊感情が育っていく

短所（注意点）

- 応用がきかない
- 指示が間違っていると、サボる
- においや感触を嫌がることがある

↓

子どもの自主性に任せる
おおまかに指示をする
嫌がっていてもやらせる

黒板のふき方を一度覚えれば、その習慣を守るのは得意

長所がみつからないときはどうする？

もしも子どもの長所がみつからないとしたら、それは探し方の問題です。よい面も、見方によっては悪い面にみえます。

子どもの頑固さを、融通がきかないとみるか、自分らしさをもっているとみるか、それは大人の裁量に委《ゆだ》ねられています。その点を考慮して、子どもの様子をもう一度、みてください。

子どもはみんな、必ず素晴らしい才能をもっています。もちろんアスペルガーの子も同じです。彼らの力をよい面としてとらえることが、大人の役割なのです。

係・当番

給食・掃除の時間を守ってもらうには

マイペースな行動がめだつ、アスペルガー症候群の子ども。給食や掃除の時間に好き勝手な行動をして、人に迷惑をかけることがあります。

よくあるトラブル

給食の時間なのに勉強をやめない

本人の気持ち
給食だって言ってくれなきゃ、わからないよ

授業が終わり、給食がはじまっているのに、食事の準備をせず、勉強を続けてしまいます。問題に集中しすぎて、時間の区切りがわからなくなっているのです。友達から「給食だよ」と言われて、はじめて気づきます。

時間の流れや区切りがわからない

時間というものへの理解が不足していて、時の流れや区切りを意識して行動することができません。時間ギリギリなのにゆったり準備する、遅刻しているのに堂々とやってくるなどのトラブルを起こしがちです。

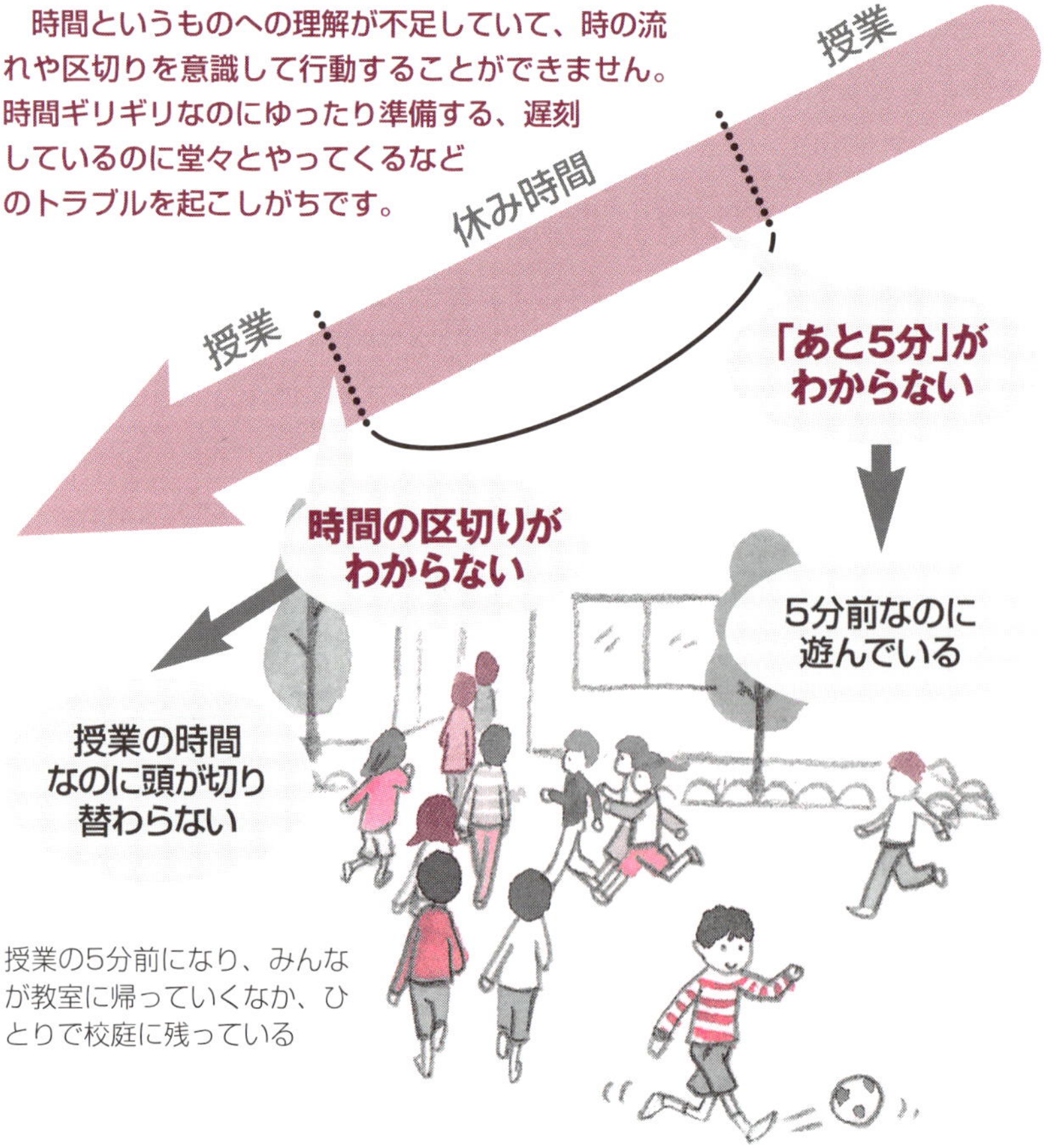
授業
休み時間
授業
「あと5分」がわからない
時間の区切りがわからない
5分前なのに遊んでいる
授業の時間なのに頭が切り替わらない

授業の5分前になり、みんなが教室に帰っていくなか、ひとりで校庭に残っている

ランチョンマットを敷くことで、給食の時間に頭を切り替える

この対応で解決！

時間を形で示す

時間は、目にみえない概念です。想像力が弱いという特性がある子には、言葉で何度言っても、なかなか理解できません。文字や絵で、形にしてみせましょう。

形で変化をみせる

時間の区切りがわからない子には、道具を使ったり、言葉や文字で伝えたりして、変化を理解させる

- 黒板に「給食」と書く
- わかっていないときはひとこと言う
- 道具で時間を知らせる

時間の長さも区切りも、形で伝える

時間の長さを形にする

「5分」の短さがわからない子には、絵や表を使って、時間の長さをビジュアルにしてみせる

- 時計の針の絵で示す
- スケジュールを表にする
- 時刻や回数で伝える

授業と休み時間の長さを表でみせ、時間を目で理解させる

伝えなければわからないことが多い

アスペルガーの子には、具体的に言わないと伝わらないことがたくさんあります。

時間だけでなく、給食で食べてよい量もそうですし、また、掃除のときには、掃除をする部分、回数、強さなど、さまざまなことが彼らにはわかりません。

彼らが給食や掃除のときに困っていたら、どうするべきか、はっきりと伝えてあげてください。

実践例

動かせるタイプの係・当番一覧表

毎日使えるものをつくっておく

係や当番は、日々入れ替わります。子どもの名前や係を札にしておき、貼り替えて使いましょう。班ごと、係ごとに色を決めると、わかりやすくなります。また、子どもができたことを記録して、役割をうまく変更・調整するのもよい方法です。

1 マグネットや札、シールなどを用意する

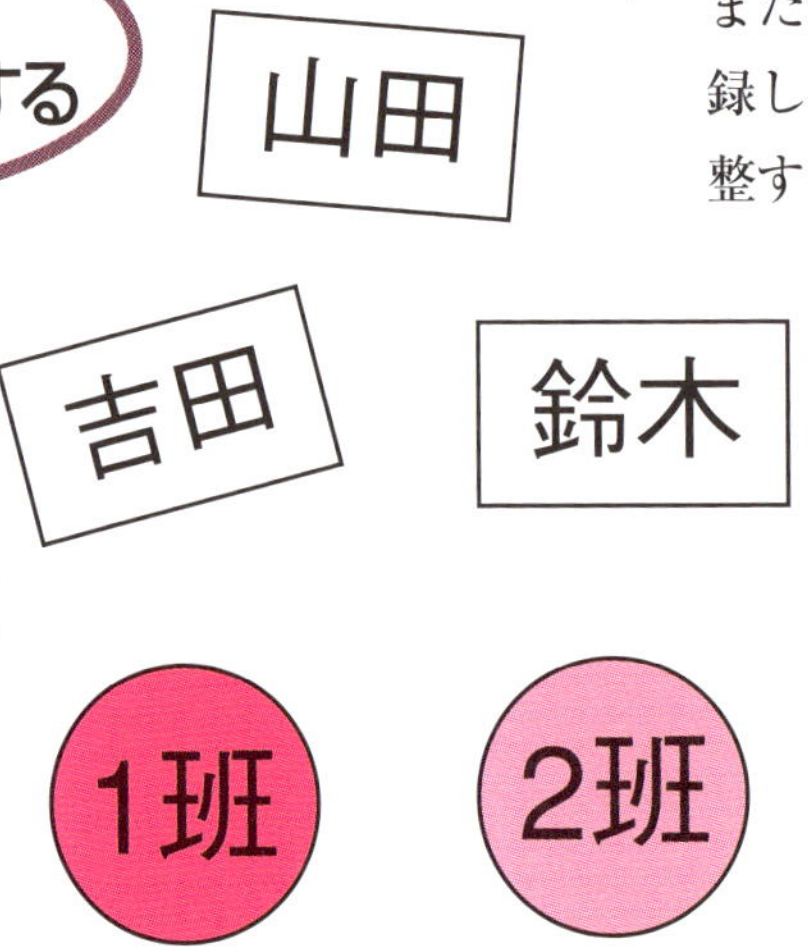

クラス全員の名前や、班の番号、グループの名前などを札に書いておく

子どもの活動をチェックしてノートに記録する。課題の達成度を分析して、次の役割の設定にいかす

係・当番の名前や作業内容、受けもちの場所を絵や写真で示す

2 表をつくり、札やシールなどを貼りつける

3 絵や写真を使って、よりわかりやすくする

■月△日～×日

	月	火	水	木	金
日直	山田 鈴木	吉田 工藤	矢野 西山	小林 近藤	保坂 古川
そうじ 給食	1班	2班	3班	4班	5班

毎週貼り替える

日直や週替わりの係は、その都度入れ替える。規則的なことなので、貼り替え係をアスペルガーの子に任せるのもよい

毎日替わるもの。教室のめだつところに貼っておき、日々更新する

しばらく替わらないもの。わかりにくかったら、写真などを追加する

5年1組　係・担当表

学級	木田	中井		
掲示	矢野	小林		
飼育	長谷川	吉村		
図書	篠田	城		
美化	畑中	小池		
放送	沢村	河田		
保健	小宮	高尾		
文化祭	福島	山田	梅原	
学芸会	大宮	真島	田中	

学期ごとに替える

学級委員のような長期的な役割も、形にしておくとわかりやすい。学期ごとに替わるものは、そのタイミングで貼り替える

役割分担をできるだけわかりやすく伝える

係や当番の一覧表をつくり、いつでもみられる状態にしておきます。通常の使い方で理解しにくければ、絵や写真を追加したり、口頭での説明で補足したりして、役割が伝わるようにサポートします。

役割を果たすことが自信になっていく

「アスペルガーの子は授業についていくだけでも大変だから」と考えて、係や当番を免除しようとする人がいます。それもひとつの優しさですが、それでは彼らの自主性が育ちません。役割を果たしていくのも大事なことです。

係や当番をこなすと、「自分にもできることがある」「みんなに必要とされている」と感じて、自尊感情が育ちます。

役割を通じて、自分はほかの子と対等なのだという意識をもてるようになるのです。

部活動

上達しやすい運動、しにくい運動がある

文化系の部活動では、準備や確認に気をつければ、さほど大きな問題はありません。しかし、運動系の部活動では、競技によってはトラブルがよく起きます。

細かい運動は難しい

上達しにくい運動の代表格が、球技です。球技には細かなルールがあり、対戦相手とのかけひきがあります。アスペルガーの子には、それらの要素を考えながら、体の動きを細かく調整することが、なかなかできません。

微細運動が苦手

手先や足腰、首や肩などを細かく動かすことがうまくない。ボールをコントロールよく投げられない

粗大運動《そだいうんどう》が苦手

走る、跳ぶなど、体を大きく動かす運動がうまくできない。ボールを投げる動作がぎこちない

大きな動きも、細かい動きも、どちらも苦手な子どもが多い

動作を細かくコントロールできない

うまく投げたり、走ったりできない

ルールにあわせた動きができない

ドッジボールで、だれが試合に参加しているかわからず、変な方向にボールを投げてしまう

人の動作を先読みできない

人の動きのまねができない

ボウリングなら、ボールを転がすこと、ピンをより多く倒すことを指示すれば、すぐにでもできる

この対応で解決！

得意な競技にとりくむ

本人が実際にとりくんでみて、得意なものを選ぶのがいちばんです。個人競技を好む子が多いのですが、団体競技を希望する子もいます。その場合は、本人の意志を優先して、競技を理解できるよう、支援していきます。

自信がつきやすいことを多くとり入れる

部活動は、自分の長所をのばすためのチャンスです。アスペルガーの子ども本人が嫌がっていなければ、すすめていくべきです。

運動系でも文化系でも、注意点は同じ。本人の希望を否定しないことです。最初からできないと決めつけないでください。

どんな分野の活動でも、できることからとりくんで、少しずつ難しいことに挑戦していくようにすれば、必ず上達していきます。部活動を通じて、困難を克服することを学んでいけるでしょう。

できることなら、得意なほうをすすめる

複雑な競技は苦手。どちらかと言えば、団体競技よりも個人競技をすすめるほうがよい

得意なスポーツ

- ボウリング
- 水泳
- 陸上競技
- ゴルフ

など

苦手なスポーツ

- サッカー
- 野球
- ドッジボール
- バスケットボール
- テニス

など

サッカーは、コーチやチームメイトから丁寧な説明を受ければ、少しずつ上達していく

登下校の注意

より道や時間の変更が、苦痛につながる

アスペルガーの子は、日々の生活に一定のルーチンを築いています。登下校の時間や道順が変わると、ルーチンが崩れて不安になってしまいます。

よくあるトラブル

下校の時刻を変更すると不安がる

緊急の用事で下校時間が前倒しになるとき、ほかの子は喜びますが、アスペルガーの子は不安を感じてそわそわします。不機嫌になり、いつもの時間を待とうとする子もいます。

えっ!
ぼく、どうしたら
いいの?
本人の気持ち

生活ルーチンが子どもにとっての決まりになっている

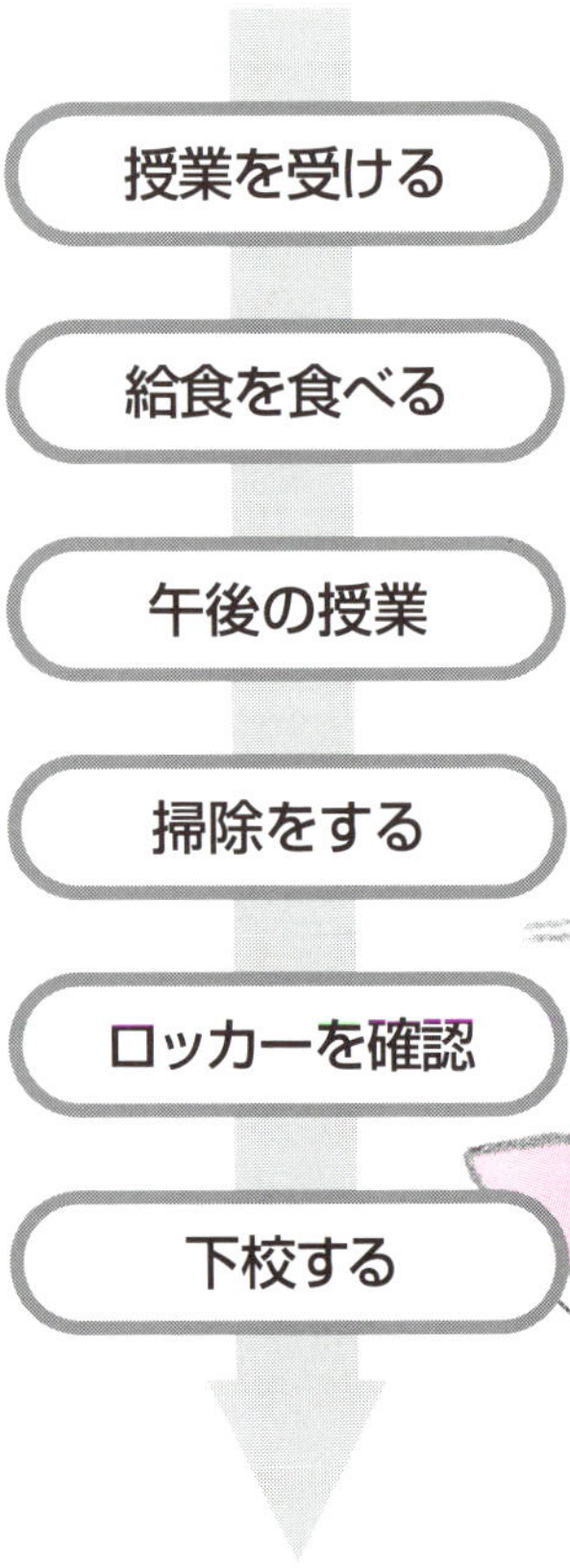
授業を受ける
給食を食べる
午後の授業
掃除をする
ロッカーを確認
下校する

自分なりの決まりがある

アスペルガー症候群の子は、自分なりの生活ルーチンをつくっています。生活のなかにいくつもの決まりをつくって、それによって先々の見通しを立てているのです。その流れが崩れることは、彼らにとって一大事です。

今日は学校の
工事のため、午後の授業
がなくなりました

予定が急に変わると、自分のなかの決まりがくつがえされて、ショックを受ける

この対応で解決！

なるべく前日に伝える

予定の変更は、できるだけ早く伝えましょう。それでも機嫌を悪くする子がいますが、前日に伝えれば、少なくとも当日になってパニックを起こすことは防げます。

ひとりにだけ伝えると、特別扱いだと誤解されることもある。プリントをつくって全員に配る

予定以外にも注意

予定や時間だけでなく、手順にも決まりをもっている。ふだんしていないことをおこなうときは、できるだけ予告を

- 修学旅行の日、集合場所が学校ではないことに怒る
- 手洗い場のせっけんが液状のものに変わって戸惑う

予定の変更

授業の内容や時間、場所などの変更が、重要な情報になる

前日に伝える

変更がわかった時点で、クラス全員に伝えるのがベスト

メモをとらせる

変更することを紙に書いておくと、アスペルガーの子は安心する。プリントを配ってもよい

当日もフォロー

予告しても、対応できない子もいる。当日に再度伝え、変更時にもフォローする

当日の朝にも伝える

前日までにきちんと伝えてあっても、もう一度伝える。繰り返し確認することで、安心感が高まる

めだたないこだわりをもっている

アスペルガーの子が道順や時間の変更に対応できないのは、彼らの想像力が弱いためです。

彼らは、予定が変更になったとき、それが先々にどのような影響を与えるか、想像することができません。とくに、予定を変更された経験が少ない子は、強い不安や恐怖を感じます。

彼らには、道順や時間、特定の行動などに対する、めだたないこだわりがあります。その習慣を尊重することが大切です。

学芸会・文化祭

見学でもよいから、まず参加してもらう

学芸会や文化祭など、校外から多くの人をまねく行事では、不安や緊張と、そして行事への理解不足から、トラブルを起こしがちです。

よくあるトラブル

学芸会を途中で抜け出してしまう

いつ終わるのか、わからないの
本人の気持ち

学芸会のとき、ほかのクラスの上演中に席を立って、会場を抜け出します。ふだんと違う雰囲気に不安をいだき、黙って座っていることができません。緊張のあまり、とび出して行ってしまいます。

自分の出番を待てない

大きな行事のときには、強い不安や緊張を感じます。事前に予定を伝えて、スケジュール表を渡しておいても、うまくいかないことがあります。自分の出番まで我慢することができません。

人が多くて落ち着かない
予定がわからなくなっていく
ただ座って待つのがつらい
ほかの部屋のことが気になる
自分の役割を投げ出してしまう
校内放送に気をとられる

ほかのクラスの演技をみていられず、席を立とうとしてしまう

この対応で解決！

できる範囲で参加させる

行事のすべてに完璧に参加させるのは、難しいかもしれません。柔軟に考えてください。出番を待てない子には、出番まで会場外にいてもらってもかまいません。どんな形でも、参加してもらうことが大切です。

好きなことを担当してもらう
行事への苦手意識をとりはらうため、好きなこと、得意なことを担当させる

↓

前日までにプログラムを確認
行事のプログラムを渡し、当日の進行スケジュールを事前に確認しておく

↓

当日はできる範囲で参加する
開会式や入場行進、ほかのクラスの見学などは、難しければ強制しない

↓

問題がなければ、そのまま参加
実際に行事をスタートして、混乱していなければ、よけいな支援は必要ない

↓

次回に向けて、評価する
できたことを評価し、次回はそれより少しがんばれるように、目標を立てる

（当日はできる範囲で参加する →）

つらかったら、目標を変える
準備をしても不安がる場合は、目標を変更。先生の横で見学するだけでもよい

↓

できそうなことを担当する
道具の設置や片付け、衣装替えの手伝いなど、できる範囲で役割をもたせる

→ 次回に向けて、評価する

舞台に立つことを嫌がる子には、道具係や照明係など、裏方の役割を任せる

演技や創作を嫌がる子もいる

ものごとを想像するのが苦手で、フィクションの物語を楽しめない子がいます。友達が魔女になることを嫌がったり、劇のセリフを本気にとったりします。

劇のストーリーであることを事前に丁寧に説明し、理解を得ましょう。シンプルな設定の話を選ぶのも、ひとつの方法です。

フォローすれば、参加できる

学芸会・文化祭では、まず緊張感のフォローが必要です。事前の説明を丁寧におこなうとともに、当日パニックになったときの対処法を伝えておきましょう。

演技や発表をおこなう場合は、当日までの練習に配慮が必要です。架空のセリフや動作に戸惑うことがあるので、覚えやすい役割を担当させましょう。ほかの子とコンビにする、テープで立ち位置を指示するなどの支援も効果的です。

丁寧にサポートをすれば、彼らも楽しく参加できるのです。

行事・課外活動

行程や行き先をプリントに書いて渡す

卒業式や運動会、社会科見学など、一日がかりでおこなう活動では、作業の順序を忘れて戸惑うことがあります。

はじめてのことに戸惑う

行事のときにパニックになりやすく、運動会や修学旅行などを欠席したがる子がいます。アスペルガーの子にとって、初体験の行事に参加するのは、それくらい大変なことなのです。

駅の改札が自分の最寄り駅と違うものだと、それだけでも戸惑う

乗り方
乗り物の音や動き

電車やバス、船など、初体験の交通機関に混乱する

↓

工場やキャンプ場など、はじめて行く場所では緊張する

雰囲気
におい

↓

見学先・宿泊先の職員や外国人など、はじめて会う人にも緊張する

話し方
服装

↓

見学や質問、キャンプ、宿泊など、はじめての課題に戸惑う

↓

戸惑っているうちに行事が終わる。見学や課題をこなせずに帰ってきてしまう

見学先の工場の人が、自分のみたことのない服装をしていると、混乱する

この対応で解決！

できるだけ丁寧に予習を

校内行事も、遠出するときも、解決法は同じ。アスペルガーの子の特性をまわりがよく理解することと、行事のプログラムを念入りに予習しておくことです。

予習

行程
行事の流れ。開会・集合から閉会・解散までのプログラムを、絵や写真で予習するとよい

行き先
見学先・宿泊先がどんなところか説明する。広さや暑さ・寒さなど。写真をみせるとよい

もちもの
行事に必要なもちものを一覧にして渡しておく。いつ使うか、行程に書いておくとなおよい

課題
見学や質問の仕方を予習。先生や友達を相手に練習する。卒業式では証書の受けとり方を練習

前年度の見学の写真をみせて、行程を説明する。見学先がどんなところかわかり、不安が減る

人一倍、戸惑うことを理解してほしい

アスペルガーの子が行事や課外活動に戸惑っていると、それを「こわがりだ」「世間知らずだ」と言って、からかう子がいます。

こうした無理解な非難が、彼らを傷つけます。そのような、子ども同士の衝突が起きないように注意しましょう。

必要であれば、アスペルガーの子がはじめての体験に不安を感じることを、クラスの友達に伝えることも考えてください。彼らが行事に参加するためには、先生や友達の協力が欠かせないからです。

避難訓練でパニックになったら

避難訓練も、アスペルガーの子にとっては難しい行事です。サイレンの音に驚いたり、本当の災害だと思いこんだりして、恐怖で冷静に行動できなくなるのです。

彼らは、大きな音や緊迫した雰囲気が苦手です。おとなしく避難することを強制しないでください。耳栓を使ったり、事前練習をしたりして、訓練になれることが必要な場合もあります。

お母さん
お父さんに
アドバイス

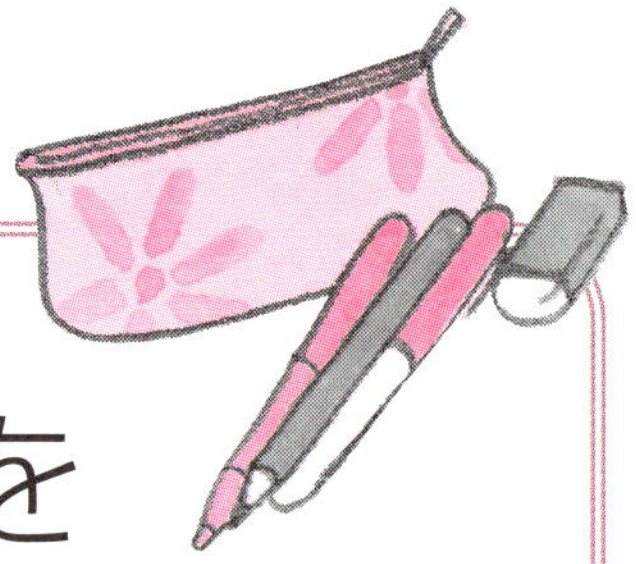

今日できたことを評価しましょう

失敗を少なく、成功を多く体験させる

子どもの自尊感情を育てるための原則は、失敗体験を減らし、成功体験を増やすこと。子どもが「できた！」「うまくいった！」と言って、喜びや自信を感じるような体験が必要なのです。

子どもがなにを得意としているか、どんな内容の作業であれば、くさらずにこなせるのか、よく様子をみてください。そして、その子にふさわしい課題を出してあげましょう。それこそが、大人の仕事です。

小さな成功をきちんと評価する

一人ひとりの子にあった課題を出し、その結果をきちんと評価すると、子どもが自分を信じ、また大人を信じられるようになります。

大きな成功を求めなくてよいのです。どんなに小さなことでも、できたら評価する。それが大切です。挨拶ができた。注意しなくてもゴミを拾えた。そういう小さなことを、ほめてあげてください。

大人が子どもを信頼し、評価することができれば、子どもはすくすく成長していくものです。

できたことをノートに記録する。シールやマークをつけ、子どもが自分の成長を実感できるようにする

なにも言わなくても翌日の準備ができたら、ほめてあげて

5

現実的に、進学はできるのか

アスペルガーの子は、会話も勉強もできるし、
ある面では頭がよいのに、
そつなく振る舞うことが、どうしてもできません。
彼らに、多くのプレッシャーがかかる受験勉強、
そして高校・大学への進学が、できるのでしょうか。

対応の基本

人と比べないで、自分のゴールを設定する

アスペルガー症候群の子は、適切な支援を受ければ、十分に進学できます。ほかの子との差を気にしないで、自分なりの進路をみつけることが大切です。

比べると、自分の力がみえなくなる

進学を考えるうえで重要なのが、子どもの力を周囲と比べないことです。もちろん、比較しなければわからないこともあります。ある程度の比較は必要でしょう。

しかし、平均値やほかの子の成績を気にして目標を立てるのは、やめてください。アスペルガーの子にはいくつかの特性があるため、どうしても苦手なことは出てきます。全教科で平均値を目指すのは、彼らにとって苛酷《かこく》なことです。

他人と比較しないで、本人の成長経過をみましょう。いま子どもにどんなことができて、今後なにをしたがっているか。それを中心に進路を考えてください。

だれとも比べない

自分と他人の力を比べていると、その差にばかり気をとられて、自分自身の成長に気づかなくなることがあります。比較には、あまり意味はありません。比べるより、自分の力をよく把握しましょう。

問題がすいすい解ける子と苦戦する子、お手上げの子の間には差があるようにみえるが、それは差ではなく違い
アスペルガー症候群の子
特性のない子のよい面ばかりみていると、劣等感につながる。特性のない子にも、弱点はある
同じアスペルガーでも、もっている特性は違う。同じ障害の子との比較にも意味はない
障害のない子
同じ障害がある子

子どもの力を把握する

進学について考えるときには、子どものもっている力と、その子が置かれている状況をよく理解することが必要です。それが理解できれば、子どもにあった進路がみえてくるはずです。

POINT

本人の意志と、もっている特性や才能とのバランスで、進路を考えていく。最終的には本人の意志を尊重する

長所と短所

学力にかぎらず、子どもの才能を把握する。長所と短所を把握したうえで、長所をいかす

本人の意志

進路について、本人の希望を聞く。高校・大学にこだわらず、ひとまず意志を尊重する

家庭環境

進学には家庭環境も関係してくる。家族の意志、経済力、学業への支援などは、個々に異なる

周囲の期待

本人に自信がなくても、まわりが本人の努力や成長をみている。先生や友達の意見を聞くのもよい

人間関係

友達や先輩・後輩、先生などとよい信頼関係を築けている子は、進学にも自信をもってのぞめる

いまできていること

現実離れした目標を設定すると、進学後につらくなる。できることを見極めるのも大切

自分のゴールを設定

さまざまな要素を考慮して、ゴールを決める。一般の高校・大学への進学も、けっして無理ではない

部活動を通じて、仲間と交流したり、先生との信頼関係を築いたりすることが、進学への支えになる

進学

受験勉強は、けっして難しいことではない

進学のために勉強をすることも、テストを受けることも、可能です。あきらめることはありません。ただし、心のケアには気をつけてください。

意欲を維持することがポイントに

受験勉強の支援でポイントになってくるのは、アスペルガーの子の気持ちのケアです。彼らは傷つきやすく、ひとつの失敗を引きずって受験をあきらめてしまうことがあります。そんなとき、勉強を応援してくれる大人が必要です。

保護者・教師と進路相談

↓

自分なりの目標を設定

↓

勉強やテストを続けていく

↓

成果の判定、目標の確認

↓

目標の修正をおこなう

目標とする学校が決まると、それに向かって努力できる

POINT

劣等感があったり、完璧主義だったりして、失敗を極端に嫌がる子がいる。テストの点数や成績が下がると、それだけですべて終わりだと思いこんでしまうことがある。目標を変え、努力を続けるためには、大人のフォローが必要になる

目標を維持してがんばる

うまく結果が出れば、勉強への意欲を維持できる。二次障害のない状態で進学させたい

失敗したとき、支えが得られないと、完全に挫折してしまうことがある

挫折して、あきらめてしまう

やる気が結果につながるように、サポートを

アスペルガーの子は、自分で意欲を維持するのが苦手です。数年間にもおよぶ受験勉強中、気持ちを引きしめてがんばっていくためには、周囲の協力が必要です。

厳しい目標を立てると、失敗体験につながります。失敗を繰り返して進学を嫌がるようになっては、元も子もありません。目標ありきの勉強ではなく、本人がやる気をずっと維持していけるような勉強をさせましょう。

各教科の勉強を支援していくとともに、生活環境の見直しや、心のケアもおこなってください。総合的な支援によって、受験勉強が可能になるのです。

この対応で解決！

集中できる環境をつくる

勉強に集中できず、いまひとつ成果が出ないという場合には、環境の見直しをするとよいでしょう。生活環境に自閉症療育プログラムTEACCHの手法をとり入れて、勉強部屋を集中しやすいスペースに変えます。

構造化

行動や空間にはっきりとした意味をもたせて、アスペルガーの子にとって理解しやすい生活環境をつくること。TEACCHで用いられる方法のひとつ

- 台所に調理の写真を貼り、調理場として認識させる
- 掃除の手順を図で教えて、自分で部屋を掃除させる

構造化のアイデアを、受験勉強に利用する

勉強スペースをつくる

机に座るときは勉強をするときだと意識させる。机まわりから遊び道具をとりのぞき、反対に、勉強道具は机にだけ置く

記録をつけていく

ノルマを達成したか、そうでないか、記録する。達成したことを自分で確認できるため、本人の自信につながる

ワークシステムを導入する

作業のスタートと手順、ゴールを示す「ワークシステム」を導入。問題集のどこからどこまでをおこなうとノルマが終わるか、具体的に伝える

計画表をつくる

受験勉強の計画表をつくる。週間・月間・年間のうち、子どもが使いやすいものを利用。見通しが立ち、意欲の維持につながる

勉強机を集中しやすいスペースにすることで、学習意欲を維持できる

進学

進学先を選ぶときは「一般」にこだわらない

進学先は、広い視野に立って選びましょう。高校・大学への進学にとらわれると、子どもを苦しめることがあります。

「一般」が子どもの可能性を妨げる場合も

子どもにほかの子と同じ環境を与えようと考えて、一般的な進路にこだわる保護者がいます。確かにアスペルガーの子は、区別されることを嫌がります。一般的な就学を望む子もいるでしょう。

しかし、一般の高校や大学に進学するためには、広い分野の勉強が必要となります。

一般にこだわることで、子どもが苦手なことを強制される場合もあるのです。

高校・大学への進学が、必ずしも子どもの幸せにつながるとはかぎりません。進路については、柔軟に考えましょう。

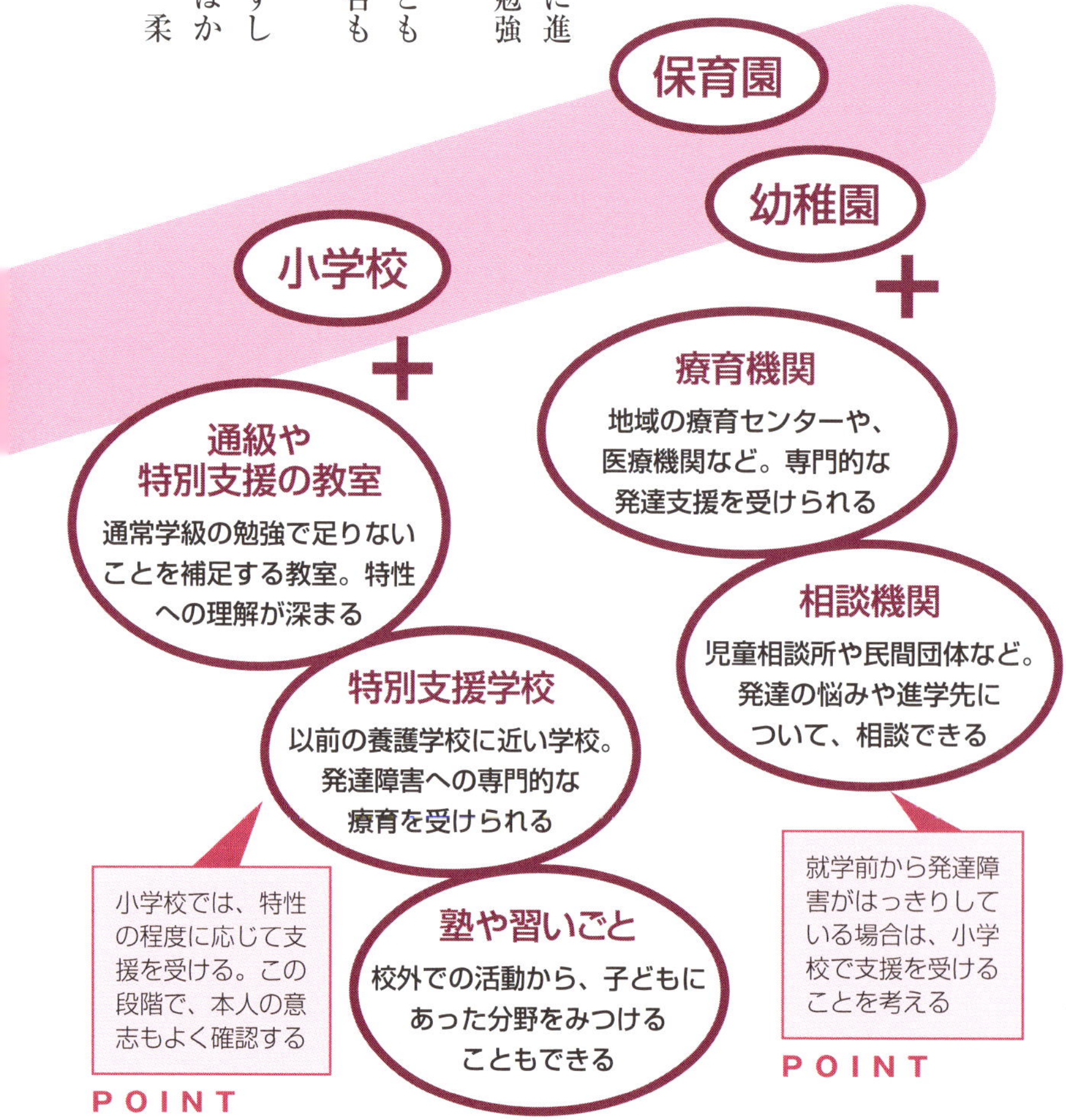

保育園
幼稚園
小学校
+
+
療育機関
地域の療育センターや、医療機関など。専門的な発達支援を受けられる
相談機関
児童相談所や民間団体など。発達の悩みや進学先について、相談できる
通級や特別支援の教室
通常学級の勉強で足りないことを補足する教室。特性への理解が深まる
特別支援学校
以前の養護学校に近い学校。発達障害への専門的な療育を受けられる
塾や習いごと
校外での活動から、子どもにあった分野をみつけることもできる
就学前から発達障害がはっきりしている場合は、小学校で支援を受けることを考える
POINT
小学校では、特性の程度に応じて支援を受ける。この段階で、本人の意志もよく確認する
POINT

調理関係の作業を覚えるのが得意だと気づいて、その関係に進路を定める

この対応で解決！

歩みやすい道を探す

大人からみてよい進路ではなく、子どもが歩みやすい進路、子どもにあった進路を探しましょう。多くの選択肢をみせ、子どもに自分の可能性を信じさせることが、大人の役割です。

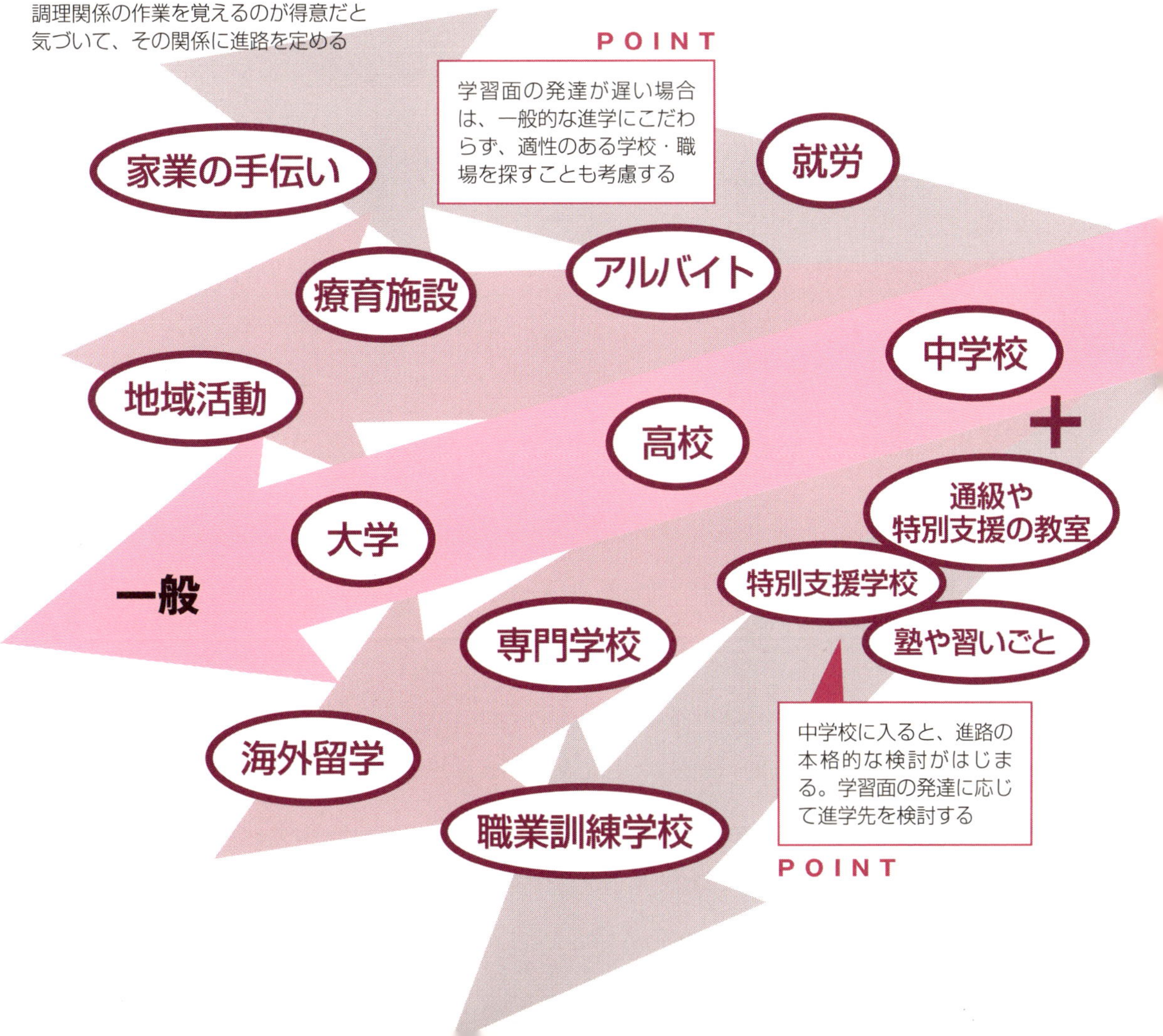

家業の手伝い
就労
療育施設
アルバイト
地域活動
中学校
＋
高校
通級や特別支援の教室
大学
特別支援学校
一般
専門学校
塾や習いごと
海外留学
職業訓練学校

POINT

学習面の発達が遅い場合は、一般的な進学にこだわらず、適性のある学校・職場を探すことも考慮する

POINT

中学校に入ると、進路の本格的な検討がはじまる。学習面の発達に応じて進学先を検討する

進学

中学・高校入学直後のひきこもりを防ぐには

進学ができても、学校になじめなくて、ひきこもってしまう子がいます。まわりがその子を信頼すれば、本人も自信をもち、再び登校できるようになります。

よくあるトラブル

友達も学校も嫌いだと言う

がんばって高校に入ったのに、友達と打ちとけることができず、学校のことをなんでも否定します。登校する意欲を失い、人生に対して悲観的な見通しをもってしまいます。

学校に行ったって、いいことなんてないよ
本人の気持ち

くつろげない子がひきこもる

自分の部屋にひきこもって、他人との交流をさける子は、くつろげる場をもっていない子です。学校に行っても友達がいなくてくつろげない、家にいても、家族にしかられてくつろげない。それで、自室にこもるのです。

学校でも自宅でも、まわりの人と腹を割って話すことができず、なにごとにも意欲をなくす

- 友達や先生と信頼関係を築けない
- ↓
- 学校にくつろげる場がない
- 登校すると、身も心も疲れる
- ↓
- 家族が厳しく、家にいてもくつろげない
- ←
- 学校のことを家族に相談できない
- ←
- 自分の部屋にひきこもる

この対応で解決！

くつろぎの場をつくる

ひきこもりを解決するためには、子どもが安心してすごせる環境をつくることが大切です。信頼できる人がいて、安心できる場所があれば、子どもは自信をもち、気持ちを外に向けて、ほかの人とも交流してみようと思うものです。

教室のうしろのほうに、気持ちを落ち着かせるための机を用意する

つらいことでも素直に話しあうことで、家族間の信頼が深まる

学校では

くつろげるスペースをつくる

教室に落ち着ける場をもうける、保健室や教員室にいつでも入れるようにするなど

↓

精神的に落ち着いてくる

困ったら保健室に行けばよいと思うと、生活全般への心理状態が落ち着いてくる

↓

家庭では

家族間の信頼関係を築く

生活への悩みを話し、つらい気持ちをわかちあう。家族も自分も信じられるようになる

←

家庭がくつろぎの場に

家族を頼れるようになると、気持ちが落ち着き、活動意欲が出てくる

←

人間関係が落ち着いてくる

感情面が落ち着くため、他人との衝突が減って、人間関係も落ち着く

↓

集団生活をする勇気が出る

友達や家族を信じることで、学校生活への不安がやわらぐ。クラス単位での行事や課外活動にも参加できるように

↓

集団生活の経験をつむ

係や当番、部活動、行事、テスト勉強などを経験して、少しずつ社会になれる。自信がつき、行動範囲が広がる

集団生活をするのは大切なこと

学校生活を通じてさまざまな人と付き合うことは、意義のあることです。人生は、多くの人に支えられて成り立つもの。大勢とかかわるわずらわしさをさけていては、豊かな生活は実現しません。

いきなりクラス全員と仲よくなることは難しいでしょう。しかし、少人数からでも信頼関係を築けるように努力していくべきです。最初は傷つくこともありますが、そうして人間関係を学ぶことが、人生には欠かせないのです。

佐々木正美
からの
メッセージ

私は、発達障害の子どもが好きです

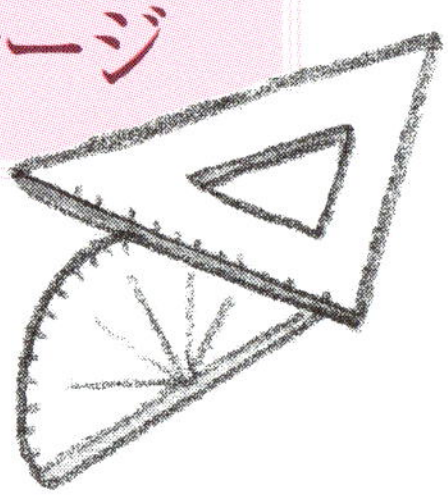

1 発達障害の子どもは、嘘をつきません。人をだまそうとすることがなく、いつも素直です。

昨日の課題は
終わった?
終わっていません

そうそう、
それでいいよ

2 きちんと指示をすれば、がんばれる子どもたちです。正直で努力家で、すぐれたものをもっていても謙虚な彼らのことが、私は好きです。

発達障害は、私たちと子どもたちの間にあるもの

私たちはアスペルガー症候群のことを発達障害といいますが、これは、子どもだけの障害ではありません。障害は、私たちと彼らの間にあります。両者が誤解しあうとき、障害が生じてくるのです。

私たちが彼らとわかりあうことができれば、障害の苦しみはほとんどすべて解消します。そう考えて、自分自身の問題として、発達支援にとりくんでほしいのです。

理解者がいれば、子どもは一生懸命がんばる

子どもたちは、困難もかかえていますが、それと同時に素晴らしい能力や才能ももっています。その力を理解する人がいれば、彼らは一生懸命に努力します。

私たち大人は、子どもにとって最大の理解者にも、最大の偏見者にもなりうる存在です。その危うさを十分に意識して、子どもを理解することに努めてください。

3 彼らは、必ず素晴らしい才能をもっています。一人ひとり、必ずです。その力を評価することが大切です。

4 理解者に恵まれれば、彼らは才能を発揮します。彼らが長所をいかせる環境をつくるのが、私たちの役割です。

教えることよりも、理解し信じることのほうが先

子どもを正しく理解して、適切な支援をおこなっても、うまくいかない場合があります。そこで、なぜできないのか、努力が足りないのではないかと、子どもを疑うことは、絶対にさけてください。

一度うまくいかなくても、あきらめずに、子どもを信じて、傷つけないで、根気よく支援しましょう。大人が信じ続けることで、子どもの自信が育っていきます。

子どもを理解し、信じれば、必ずのびてくる

子どもの気持ちと特性、そして才能を理解していれば、支援の方法は自ずとみえてくるはずです。ひとつの方法が失敗したら、別の方法を試すのもよいでしょう。

一人ひとりにあった方法を模索しながら、じっくり支援していけば、子どもは必ずのびていく方向をみつけます。自分と子どもを信じることがなによりも大切です。

5 「この子にはこんなに素晴らしいところがある」と気づく瞬間が、みなさんにも必ずやってくるはずです。

6 子どもをよくみて、長所を理解し、彼らの文化を尊重すれば、彼らと共生することができるのです。

■監修者プロフィール

佐々木 正美（ささき・まさみ）

1935年、群馬県生まれ。児童精神科医。新潟大学医学部を卒業後、東京大学、ブリティッシュ・コロンビア大学、小児療育相談センター、ノースカロライナ大学、川崎医療福祉大学などで子どもの精神医療に従事。

専門は児童青年精神医学、ライフサイクル精神保健、自閉症治療教育プログラム「TEACCH」研究。糸賀一雄記念賞、保健文化賞、朝日社会福祉賞などを受賞。

監修書に『健康ライブラリーイラスト版　自閉症のすべてがわかる本』、同シリーズ『アスペルガー症候群・高機能自閉症のすべてがわかる本』（講談社）など。

●編集協力
オフィス201
●カバーデザイン
松本　桂
●カバーイラスト
長谷川貴子
●本文デザイン
勝木雄二
●本文イラスト
千田和幸
丸山裕子
●取材協力
安倍陽子

健康ライブラリー　イラスト版

アスペルガー症候群《しょうこうぐん》・高機能自閉症《こうきのうじへいしょう》の子《こ》どもを育《そだ》てる本《ほん》　学校編《がつこうへん》

2008年 3 月10日　第 1 刷発行
2016年 2 月24日　第11刷発行

監　修　佐々木正美（ささき・まさみ）

発行者　鈴木 哲

発行所　株式会社講談社
東京都文京区音羽二丁目12-21
郵便番号　112-8001
電話番号　編集　03-5395-3560
販売　03-5395-4415
業務　03-5395-3615

印刷所　凸版印刷株式会社

製本所　株式会社若林製本工場

N.D.C. 493　98p　21cm

ISBN978-4-06-259422-6

■参考文献

『アスペルガー症候群―高機能自閉症―』佐々木正美著（子育て協会）

『佐々木ノート28高機能自閉症』佐々木正美著（子育て協会）

『自閉症のTEACCH実践１』『同2』『同3』佐々木正美編（岩崎学術出版社）

『自閉症とインクルージョン教育の実践』G・メジボフ、M・ハウリー著／佐々木正美監訳（岩崎学術出版社）

『講座　自閉症療育ハンドブック』佐々木正美著（学習研究社）

『アスペルガー症候群と高機能自閉症の理解とサポート』杉山登志郎編著（学習研究社）

『高機能自閉症・アスペルガー症候群入門』内山登紀夫、水野薫、吉田友子編（中央法規出版）

『ふしぎだね!?　アスペルガー症候群［高機能自閉症］のおともだち』内山登紀夫監修／安倍陽子、諏訪利明編（ミネルヴァ書房）

『高機能自閉症・アスペルガー症候群及びその周辺の子どもたち』尾崎洋一郎他著（同成社）